优秀孩子素质教育培养

成就孩子一生的
50个礼仪

周 周◎著

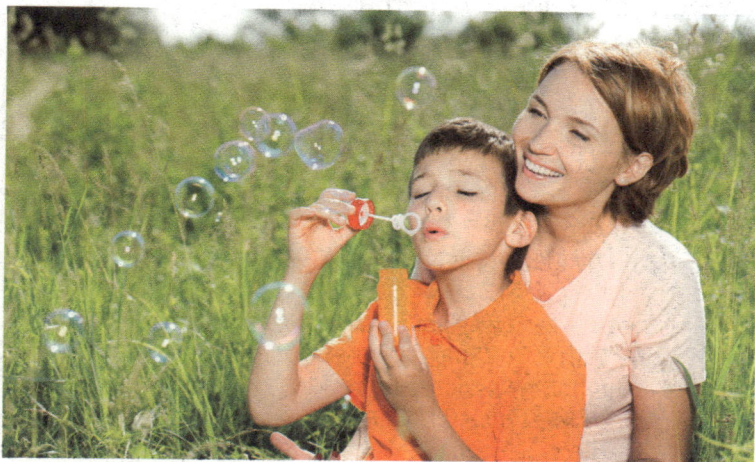

时代出版传媒股份有限公司
北京时代华文书局

图书在版编目（CIP）数据

优秀孩子素质教育培养·成就孩子一生的50个礼仪/周周著 . -- 北京：北京时代华文书局 , 2015.8

ISBN 978-7-5699-0428-4

Ⅰ .①优… Ⅱ .①周… Ⅲ .①礼仪－少儿读物
Ⅳ .① K891.26-49

中国版本图书馆 CIP 数据核字（2015）第 168814 号

优秀孩子素质教育培养

成就孩子一生的 50 个礼仪

著　　者｜周　周

出 版 人｜田海明　朱智润

选题策划｜王其芳

责任编辑｜刘媛媛　冷　瑜

美术编辑｜刘　煜　黄世云

责任印制｜刘　银

出版发行｜时代出版传媒股份有限公司 http://www.press-mart.com
　　　　　北京时代华文书局 http://www.bjsdsj.com.cn
　　　　　北京市东城区安定门外大街 136 号皇城国际大厦 A 座 8 楼
　　　　　邮编：100011　　电话：010 - 64267955　64267677

印　　刷｜三河市南阳印刷有限公司　0316 - 3655629
　　　　　（如发现印装质量问题，请与印刷厂联系调换）

开　　本｜710mm×1000mm　　1/16

印　　张｜12

字　　数｜100 千字

版　　次｜2015 年 9 月第 1 版　　2015 年 9 月第 1 次印刷

书　　号｜ISBN 978-7-5699-0428-4

定　　价｜36.00 元

第1章　家庭礼仪

目录

第 2 章　学校礼仪

第 3 章　公共场所礼仪

第1章　家庭礼仪

家庭，一般是由爸爸、妈妈和我们组成的。当然，有时候爷爷、奶奶或者外公、外婆也和我们住在一起，有时候我们还有兄弟姐妹。家庭成员之间的关系直接影响到家庭生活的幸福程度。良好的家庭礼仪可以调节家庭成员之间的关系，形成和谐融洽的氛围，给日常的家庭生活带来欢乐。

01

扔垃圾也要讲文明

RENG LA JI YE YAO JIANG WEN MING

　　从前，小兔、小猴、小猪和小羊在一起快乐地生活。他们的家门口有一条干净、清澈的小河。小伙伴们每天都在河里玩水、捉鱼和嬉戏，日子过得快乐极了。但是，有时候，小兔会把家门口的垃圾丢到河里，小猴会把吃完的香蕉皮扔进河里，小猪会在河里洗澡，小羊会把自己的粪便拉进河里。结果，小河变得越来越脏，终于有一天，河里的水变成了黑色，臭不可闻。小伙伴们再也不能在这里生活下去了，它们只好寻找新家。

　　像小兔他们这样的行为在我们的生活中也是屡见不鲜的。随着生活的富裕，垃圾的制造量越来越大。加上人们一些不好的生活习惯，使得垃圾的清理和处理也越来越困难和缓慢，因而造成了一定的垃圾污染。为了减少垃圾的数量，资源回收

便成了每个国家所面临的重要问题。资源回收在日常生活中也随处可见，比如尽量少用纸杯或纸盘，食物尽量全部吃完，少用一次性的物品，到超市购物尽量自己携带袋子等。家庭垃圾是垃圾来源中的一大部分，如果每个家庭都能够培养良好的垃圾处理习惯，那么垃圾的污染就不会这样严重。因此，从小培养正确处理垃圾的习惯是非常重要的，它是反映一个人素质高低的重要依据。

第 **1** 件事
扔垃圾也要讲文明

记一记

管住自己的口，
不随地吐痰；

管住自己的手，
不乱扔垃圾；

管住自己的脚，
不践踏花草。

做一做

★ 不要乱丢垃圾。比如，不要朝窗外扔垃圾；吃东西时不要随手扔垃圾；野餐后不要将垃圾留在原地等。

★ 将垃圾分类处理。比如，把玻璃、陶瓷一类的瓶罐放在一起；铁、铝、合金一类的瓶罐放在一起；报纸、废纸和纸箱一类的垃圾放在一起；食品一类的垃圾用垃圾袋装好。

★ 垃圾的处理。一般垃圾袋必须将口封好，在固定的时间内将垃圾放置在固定的地点。

★ 变废为宝。比如，一些漂亮的瓶子可以作为花瓶；洗衣粉的舀匙可以作为小孩子玩耍的工具；广告纸的背面可以作为便条纸和书画纸；易拉罐里面放入豆子可以作为乐器等。

02

ZUO YOU ZUO XIANG

坐有坐相

在中华民族的礼仪要求中，"站有站相，坐有坐相"是对一个人行为举止最基本的要求。

坐姿主要是指就座时的姿势和坐定后的姿势。一般而言，我们入座时讲究要轻而缓，就是说要轻稳地坐下，不应该发出叮叮当当、撞击椅子的嘈杂声，否则是对别人的不尊重。对男士和女士的坐姿也有不同的要求。比如，女士就座时应当注意用手把裙子向前稍微拢一下，避免有不雅的行为。坐定后，上身应该保持挺直，头部要端正，目光平视前方或者交谈对象，腰背稍靠椅背。在正式的场合要求会更严一些，比如有长辈在座，就要求不应坐满座位，一般只坐座位的2/3。不过对于现代社会而言，后者的要求已经没有那么苛刻了。

据说，有一次，孟子的妻子独自跪坐在地上，两腿发麻，她想：反正没有人，就放松一下吧。于是她就将腿向前伸了伸，不料这个举动正好被进屋的孟子看到了。孟子对妻子说："妇无礼。"妻子连忙把腿缩了回来，小声地说："以后再也不会犯了。"

由此可以看出，古人以前对坐姿的要求是多么严格。一般来讲，他们是席地而坐的，双膝着地，屁股坐在脚后跟上。跪与坐的区别就是屁股是抬起来的还是落下去的。古人的坐法与现在日本人的坐法差不多。我们现在当然不那样坐了，但是保持正确而优美的坐姿，不仅有利于身体的正常发育，而且在社交场合也是文明礼貌的表现。

无论哪一种坐姿，都要自然放松，面带微笑。尤其要注意的是在公共场合，千万不要仰头靠在座位背上或低着头只注视地面；也不要前俯后仰。女生更要注意不要双腿大敞，不停地抖动。因为这些习惯不仅会使你的形象大打折扣，也会让人对你的品德产生质疑。

注意这些坐姿：

★课堂上的坐姿。上半身挺直，两肩放松，下巴内收，脖子挺直，胸部挺起，双手自然放在双膝上，或者放在桌面上。

★操作电脑的坐姿。腰背要挺直，身体微向前倾，两腿自然地平放在地上。

★公共场合的坐姿。这时候可以比较放松地坐下，但入座要稳重端庄，不可以猛起猛坐，弄得座椅乱响，更不可将脚踏在前排的椅子上。

★坐姿的禁忌。两膝分开，两脚呈八字形，是女孩坐姿的大忌。忌两脚脚尖朝内，脚跟朝外，呈内八字形。忌两腿颤动，脚尖上下左右晃动。忌与人交谈时上身倾斜或者以手支撑下巴。忌在椅子上前俯后仰，或把腿架在其他物体上。

第**2**件事
坐有坐相

记一记

坐姿歌
头要摆正，
肩要放平，
胸要挺直，
脚才能稳。

03

女孩的美丽礼仪

NÜ HAI DE MEI LI LI YI

　　狮子是非洲草原上的百兽之王，老虎是亚洲森林中的百兽之王，而飞在天上的鸟类却始终没有王。一天，天神宙斯没事做，就指定了一个日期，要求所有的鸟按时出席，打算从众鸟中挑出一只最美丽的鸟为王。

　　消息很快就传开了，众鸟都聚集到了比赛场地的附近。

　　"我的歌声最动人，这次选出的鸟王一定会是我。"百灵说。

　　"我的羽毛最漂亮，我才应该当选鸟王呢！"孔雀开着屏说。

　　"我一向都是鸟中的公主，我当鸟王才受之无愧。"高傲的白天鹅说。

　　众鸟都希望自己最美丽，比赛的前一天，他们都跑到河里去梳洗打扮。寒鸦心里很焦急，他知道自己没一处漂亮，但是他也希望自己能被选上。

众鸟梳洗完毕，寒鸦才来到河边。他发现众鸟脱落下很多羽毛，那些羽毛都比他身上的漂亮。寒鸦灵机一动，捡起所有的羽毛，小心翼翼地插在自己身上，再用胶粘住。

比赛的日期很快就到了，所有的鸟都来到宙斯面前。宙斯放眼望去，看见寒鸦的羽毛花花绿绿的，在众鸟之中显得格外漂亮，于是准备立他为王。

众鸟十分气愤，纷纷从寒鸦身上拔下本属于自己的羽毛。寒鸦身上美丽的羽毛一下全没了，又变成了一只丑陋的寒鸦。

爱美之心人皆有之。寒鸦穿着不属于自己的"衣服"，最后肯定会变得更加丑陋。现代社会中，每个人都希望自己在交往中能给别人留下良好的印象，每个人也都有自己对美的追求。尤其是女孩儿，都非常爱美。服饰是一种天生的语言，

如果在着装方面优美无比，则是向他人传达着一种无声的美感，也可以体现出对他人的尊重。不要追求奇装异服，有的女孩儿觉得这样才时髦，其实这只是你个人的错觉罢了，真正的美丽不是靠刺激别人的眼球表现出来的，而是让人从内而外感受到的。不要过分追求时髦和流行的服饰，只有适合自己的才是最美的。

　　总的来说，女孩儿穿什么，怎样打扮，都应该与个人的年龄、身份、性格、气质以及环境、季节相适应，与审美要求相符，才能体现出美。

女生可以这么穿：

★穿着应该朴素大方。我们千万不要把自己打扮得花枝招展，服装样式要新颖、大方，不可以稀奇古怪。

★不要盲目地赶时髦。我们的年龄还不适合化妆、戴金银首饰。那样不但不美，反而把自己天真烂漫的气质给破坏了。

★服装要以舒适、整洁、淡雅、合体为准，这样才能显现出学生的精神面貌来。

★女孩子穿的裙子面料不宜过薄，长短要过膝盖，也不要袒胸露背，过于性感。

★夏天穿凉鞋的时候，也应该选择式样简洁、大方、优雅的凉鞋。不可将袜子松松垮垮地滑到脚跟部，也不可穿脱丝的或打过补丁的袜子外出活动。

★穿衣服不要互相攀比，只有适合自己的才是美丽的。

第**3**件事
女孩的美丽礼仪

记一记

什么是美？美就是要有合适的打扮、宽容的心、感恩的心、自信的心。培根说："在美的方面，相貌的美高于色泽的美，而秀雅合适的动作的美又高于相貌的美。"可见，真正的美来自一个人整体的自信感、得体感，而不仅仅在于外貌、穿着与打扮。

04

男孩的帅气之道

NAN HAI DE SHUAI QI ZHI DAO

一天，森林学校里的小乌鸦看见小熊同学戴了一块非常好看的电子表。小乌鸦也想要一块这样的手表，但是他自己又没有钱买。于是，小乌鸦放学回家后就缠着妈妈给自己也买一块这样的手表。乌鸦妈妈说："孩子，手表不适合我们乌鸦戴。"可是，小乌鸦又哭又闹，非要买一块。乌鸦妈妈没有办法，只好带着小乌鸦去商店买了一块一模一样的电子表。

晚上，小乌鸦就把电子表戴在了翅膀上，心里想：这样就不怕上学迟到了，睡在床上也能知道几点钟了。

第二天，小乌鸦跟往常一样起了床，吃完早点后就急急忙忙上学去了。放学回来后，小乌鸦一点儿也不高兴。乌鸦妈妈问他怎么了，小乌鸦说："今天我迟到了。都是这块手表，我的翅膀飞不起来，我以后再也不攀比了。"

小乌鸦这种爱慕虚荣的心理我们也会有，每个男孩儿都想拥有好的仪表风度。风度是一个人内在的思想、品德、文化修养和外在的言谈、举止、仪表等行为的总和，是人们在长期的社会生活中逐步形成的、较为稳定的行为习惯和外在表现形式。所以，风度是心理素质和修养的外在反映，它往往能显示一个人的精神状态、学识教养和对人的态度。所以，我们追求的应该是优雅的风度、广博的知识和良好的精神面貌，这样我们才能成为一个真正帅气的男孩儿。

第**4**件事
男孩的帅气之道

记一记

正式服装的穿法

大点儿的男孩儿可以在一些正式的场合穿西服、打领带。打领带时，衬衣领子的扣子要系好；打好领带后，不可将领带的末端塞入裤腰带里。不要将领带结拉得太低，这样会显得轻浮、不雅观。与西服搭配的鞋子应是皮鞋。与皮鞋搭配的袜子也应该注意，袜长以坐下后不露出腿部和衬裤为标准。

★热爱知识、兴趣广泛、性格开朗。风度美往往是通过幽默风趣的谈吐来体现的。

★注意养成良好的行为举止习惯。一些不雅的举止、不文明的习惯和没有教养的小动作往往会把你的形象彻底毁掉。

★保持充满阳光、积极向上的精神状态。精神状态是一个人的内在气质，外貌长相和服饰只是一个人的外在表象。

★体现自我本色美。我们现在还是学生，发式、服饰最好不要盲目地追求时髦，还是应该保持朴素大方、活泼整洁的青春美和阳刚美。

★与人交往应该坦率、诚恳。虚伪、懦弱的男孩儿是不受欢迎的，任何时候男子汉都要体现出自尊和自信。

05

做合格的宠物饲养人

ZUO HE GE DE CHONG WU SI YANG REN

从前，有个人养了一只八哥。他每天教八哥说话，比如"早上好"、"谢谢"、"讨厌"、"晚上好"等。过了一段时间，这只八哥终于学会了。主人非常高兴，总希望客人来时炫耀一下他的八哥。

有一天，家里来了客人。主人特意把八哥放在客厅门口的笼子里。当客人随着主人进入客厅的时候，八哥不停地叫着："晚上好！"客人笑着说："这只八哥真蠢呀！"八哥又说："谢谢，谢谢！"客人听了哈哈大笑。主人极为尴尬，连忙叫八哥闭嘴。差不多到了下午的时候，客人起身告辞。当他来到门口的时候，八哥又叫着："早上好。"客人指着八哥说："你这只蠢鸟，怎么早晚不分？"只听八哥答道："讨厌，讨厌！"客人听后，不悦而去。

这家的主人养的宠物是只八哥，也许，你家养着一条小狗，他家养着一只小猫。宠物给我们的生活带来了很多乐趣。在饲养它们的过程中，我们学习到了如何照顾这些弱小的动物，并与它们一起开心地玩耍。然而，我们却在不知不觉中给周围的人造成了困扰。比如，宠物的叫声使邻居无法休息，宠物的粪便污染了小区的环境等。故事中的八哥就给主人丢了脸面。所以，我们在饲养宠物的同时，要讲文明礼貌，使自己和自己的宠物受到大家的欢迎，而不是厌恶。

★在宠物的脖子上装上项圈，上面注明你家的电话号码和地址，以便如果你的宠物不慎走失了，它可以很快地回到你的身边。

★宠物到了一定的时候就要把它带到医院进行节育避孕的手术。这是因为现在的流浪宠物越来越多，这样做可以有效地减少它们的数量。

★晚上的时候，务必让你的宠物保持安静，以免打扰邻居休息。

★遛狗的时候一定要用狗绳把它拴住，以免小狗到处奔跑，甚至攻击他人。

★避免宠物在他人的住处前小便，宠物的大便一定要及时处理掉。每年必须给狗注射一次狂犬疫苗。

第 **5** 件事
做合格的宠物饲养人

记一记

宠物对你说的话

★在你把我带回家之前，请记得，我的寿命约有10~15年；你的离弃会是我最大的痛苦。

★请偶尔对我说说话，纵使我不懂你说的内容，但我能了解那是你的声音，而且知道你在陪伴我。

★请你永远不要忘记：我爱你。

一个对动物残忍的人，也变得对人类残忍。

——汤玛斯·艾奎纳

06

CHU LI JIA SHI JING JING YOU TIAO

处理家事井井有条

王女士最近很烦恼，儿子都 13 岁了，但是还不会照顾自己，经常把家里弄得乱七八糟。王女士担心儿子初三住校时，可能照顾不好自己。

像王女士的儿子这样的孩子很多，他们在家里过着衣来伸手、饭来张口的生活，一旦要他们自己出去过集体生活，那就让人担忧了。曾经有这样一个大学生，家里比较富裕，父母都疼爱他，因此他到了 18 岁还不能料理自己的生活。可是，读大学是要住校的。这个学生刚刚在学校住了两天，就要求退学回家，原因是不能适应集体生活。

我们都不希望自己以后像那个大学生吧？在家里，爸爸妈妈可以帮你做一切生活琐事，但是到了幼儿园、学校宿舍，谁会帮你做这些呢？

自己学会处理家庭琐事的好处有很多，首先可以保证当爸爸妈妈都不在家时，自己可以照顾好自己。另外，你还能从中体会到独立自主的成就感。如果什么事都不去尝试，你就会变得越来越依赖别人，少了别人的帮忙什么事也做不好，这样以后进入社会工作时也很难成功。

因此，在家里的时候，你就要培养自己良好的生活起居习惯，自己的事情自己做，这不仅是必要的，也是最起码的个人素养。

做一做

自己处理家庭事务，可以从这些小事儿做起：

★早晨从床上起来后把自己的被子叠好。

★用完毛巾后立刻挂到原来的位置，不要到处扔。这一点，对以后的集体生活可是至关重要的。因为集体生活空间有限，如果你把东西乱扔，很容易引起其他人的不满，从而导致同学、室友之间产生矛盾。

★用完洗手间的卫生纸就要换上新的卷纸，并扔掉旧卷筒。便后一定记得冲厕所。

★吃完零食后不要把废弃物放在桌子上。垃圾一定要自己处理掉，不要总是等着别人来帮你清理。

★刷过牙的牙刷要放进自己的口杯里，不可乱放。

★把自己的东西收拾好，比如玩具、文具、衣服等。

记一记

爱劳动的好孩子

妈妈擦桌子，

爸爸擦椅子，

妈妈把地板拖得像镜子。

旁边一个好孩子，

忙着卷袖子，

帮助妈妈扫屋子，

忙得满头汗珠子。

07

处好邻里关系

CHU HAO LIN LI GUAN XI

在一个居民楼里，住着好几户人家，他们共用着楼道、厕所和厨房，因此打扫这些地方的卫生成了大家分内的事。明明的妈妈就是其中的一员，她经常主动打扫楼道、厨房、厕所的卫生，为此还特意买了刷子、纸篓等工具。

有一天，明明又看见妈妈在打扫这些地方，就对她说："妈妈，您真傻。自己掏钱买刷子、纸篓，让大家公用，还经常倒纸篓、扫楼道。这些别人都没干，您为什么那么积极呢？"妈妈微笑着对儿子说："为大家服务是应该的！"听了妈妈的话，明明没说什么，但在心里却依然认为妈妈这种"应该"太不值得了。

一天晚上，明明在家里写作业，写着写着钢笔没有墨水了。他在家里找了一会儿，发现墨水已经用完了。此时天色已晚，商店早就关门了，怎么办呢？作业

还没写完呢！明明焦急地望着妈妈，妈妈也感到无可奈何。这时正好住在隔壁的李阿姨来串门，她发现了明明的难处，就摸着他的头说："墨水用完了吗？哦，不要着急，我家有。"说完，她赶忙走了出去，不一会儿，就拿来了一瓶新墨水，李阿姨笑着对他们说："这墨水你们先用着，等我们要用的时候再来拿。"说完，放下那瓶墨水就走了。明明连忙道谢。

这时候妈妈故意对明明说："这个李阿姨真是太傻了，将自家的墨水送给了别人，她能够得到什么好处呢？"听了妈妈的话，明明愣住了，似乎一下子明白了一个道理，忙说："妈妈，这不叫傻，这叫互相帮助。"

妈妈见明明明白了其中的道理，非常高兴，又趁机说道："明明，你说得对，这不叫傻，而是互相帮助。李阿姨身体不是很好，刘叔叔工作忙，每天早出晚归，非常辛苦；王阿姨家有个一岁的孩子，每天都忙得不可开交；孙爷爷年纪大了，儿女都在外边，没人照顾。大家住在一块儿，就好比一家人，应该相互帮助，这样才能和睦相处啊！你说对不对？"

第7件事
处好邻里关系

记一记

对于邻居的赞美，民间有很多朴实而真诚的俗语，试着来记一记下面这些俗语吧：

★远亲不如近邻

★邻居好，一片宝

★得好乡邻胜过亲

★家有患难，邻里相助

听了妈妈的话，明明惭愧地低下了头，红着脸说："妈妈，我错了。只有互相体谅、互相帮助，才能开开心心地在一起生活。"

结识邻居不仅仅是讲礼貌的一种表现，而且还对自家的安全和幸福有益处。同时邻居之间的相互交往还可以让我们从小懂得怎样结交人，怎样面对与自己不同的人，以及在别人需要帮助时提供帮助。但是，一定要注意礼貌，否则别人会不愿跟你交往的。

做一做

★不要随便打搅左邻右舍。早出晚归时居室要保持安静，不要大声喧哗；使用音响设备要控制适度的音量；搬动家具要轻。

★要以礼相待，互相体谅、帮助。

★不要往楼下倒污水和扔脏东西；不要堵塞下水道，那样会给整栋楼的人家带来麻烦。

★不在背后议论、猜疑人，不去打听邻居的私事。

★对公用场地，不要随便吐痰、占用或乱扔东西，而要主动打扫。

★如果家里有事情会影响到邻居，要事先打个招呼，请求谅解。

★路上碰到邻居，热情地打声招呼。

08

睡觉前的礼仪

SHUI JIAO QIAN DE LI YI

　　小乌鸦自从上次被山羊老师发现在课堂上睡觉后，就再也不敢上课睡觉了。他每天都坐得端端正正的，睁大双眼盯着老师，生怕又被老师责骂。

　　可是，这样过了没有几天，小乌鸦又开始打瞌睡了，小脑袋时不时地向下垂，像小鸡啄米似的。山羊老师发现了，觉得很生气，但又知道他不是故意的，于是决定下课找他问问原因。

　　山羊老师："小乌鸦啊，你怎么老是打瞌睡呢？"

　　小乌鸦："老师，我也不知道。我每天睡得挺早的，但还是想睡觉。"

　　听了小乌鸦的话，山羊老师让小乌鸦走了，然后他打了个电话给乌鸦妈妈，跟她说了小乌鸦的情况。过了几天，小乌鸦不在课堂上打瞌睡了。原来，乌鸦妈妈发现小乌鸦的睡觉姿势不正确，晚上总是做梦，所以白天就还想睡觉。乌鸦妈妈帮助小乌鸦纠正了错误的睡觉姿势，这才治好了他白天打瞌睡的毛病。

俗话说：站有站相，坐有坐相。古人曰："睡亦有礼。"这是因为古人十分讲究睡觉的姿势，他们认为如果姿势不好，天亮之前灵魂就不能回到肉体上。久而久之，这种迷信的观念逐渐演变成了一种礼仪规范。现在我们当然不必去遵循古人的睡眠规范，但是在我们的生活中也要有一套睡眠的礼仪。如能遵守，必定可以提高我们的素质和睡眠的质量。

★就寝前，应收拾好第二天要用的学习用具、书籍及衣物。

★为了保护好牙齿、促进血液流通、增强睡眠效果，睡前要刷牙、洗脸、洗脚。不洗漱干净就上床睡觉是一种没有教养的表现。

★睡觉姿势要端正。应该仰卧或侧卧，不要趴着身子睡觉。被子要盖到头部以下，不要用被子蒙着头睡觉，更不要用被子紧紧地卷住身体，这样不利于身体发育，影响健康。

★睡觉的时间控制在晚上 8 点至 10 点之间，不可太晚。少年儿童正是长身体的时候，一般至少需要 9 个小时的睡眠。

★如在半夜起床上厕所，注意脚步放轻，开门、关门要轻，不要弄出声响，打搅家人的休息。

第8件事
睡觉前的礼仪

记一记

劳动是有神奇力量的民间教育学，给我们开辟了教育智慧的新源泉。这种源泉是书本教育理论所不知道的。我们深信，只有通过有汗水、有老茧和疲乏人的劳动，人的心灵才会变得敏感、温柔。通过劳动，人才具有用心灵去认识周围世界的能力。

——苏霍姆林斯基

09

敬爱父母，有礼有方

JING AI FU MU YOU LI YOU FANG

有一个小女孩儿，在她 4 岁时得了一场大病，幸运的是她的病医治好了，但不幸的是从此留下了后遗症——左腿瘫痪了。这也就是说，她从此不能像其他小朋友那样开心地蹦跳玩耍了。

母亲知道这个消息后，心里很难受，发誓要精心照顾女儿，让女儿复原，能和其他小朋友一样玩耍。从此，她陪着女儿每天锻炼走路，终于在 8 岁的时候，小女孩儿可以通过腿上绑着钢板，和其他同龄人一样跑步、跳远，而不用别人搀扶。后来，在一次跳远的时候，钢板的连接处突然断了，并从腿上掉了下来。这时，她突然发现不用钢板自己也能跑步、跳远。小女孩儿十分高兴，懂得了付出就有收获，只要自己坚信事情向好的方向发展，并鼓起勇气去战胜困难，那么事情一

定会因努力而变得更加美好。她感谢母亲，是母亲给了她新的希望。于是在以后的练习中，她更加努力了。

最后她终于成为一名优秀的田径运动员，在国际比赛中多次取得冠军，为自己赢得了荣誉。这件事证明了世上无难事，只怕有心人，只有付出才有收获。

父母是这个世界上最无私地关爱我们的人。他们每天早出晚归，为了能把我们抚养长大，不知道受了多少累。像上面故事中的小女孩儿就是在母亲的悉心照顾下才重新书写了她的人生。因此，我们做子女的尊敬、孝敬父母是天经地义的事情。

第9件事
敬爱父母，有礼有方

记一记

父母呼，应勿缓；
父母命，行勿懒；
父母教，须敬听；
父母责，须顺承；
冬则温，夏则凊；
晨则省，昏则定；
出必告，反必面；
居有常，业无变。
事虽小，勿擅为。
苟擅为，子道亏。
物虽小，勿私藏。
苟私藏，亲心伤。
——《弟子规》

做一做

★主动关心问候。早上要向长辈问好，晚上要向长辈问安；长辈外出或下班时也要问候。长辈生病了，要端药送水，加以安慰；逢年过节向长辈祝福。

★听从父母的教诲。孝敬父母就应该听从父母的正确教诲，不应随便顶撞，有不同想法可以和父母商量，应讲道理。

★关心父母的健康。当父母劳累时，应主动帮助父母；当父母生病时，应主动护理、煎药、喂药，嘘寒问暖。

★理解长辈。父母因为年纪大了，有时候说话啰唆，有些事情翻来覆去地说，我们不该厌烦他们，也不要粗暴地打断父母的话语，更不要对他们的唠叨不理不睬，要充分理解他们的用心。

★分担父母的忧虑。孝敬父母，就应该体谅他们的艰辛，尽可能少让父母为自己操心，为他们排忧解难。

★参与家务劳动。我们都是家庭成员，应承担一部分家务劳动。比如盛饭、端菜、洗碗、扫地、整理自己的房间等。

10

ZHEN XI FU MU DE XUE HAN QIAN

珍惜父母的血汗钱

　　从前，有一个富裕人家的孩子，名叫小淘。一天，他在吃饭时浪费了许多米，剩下的米饭全被倒在了水槽里。这下可使那些被丢在水槽里的米粒们生气了，他们一齐说："这孩子这么浪费粮食，我们应该好好教育教育他。"说完，他们便叫上前几次被丢弃的米粒，一起商量对策。商量好后，他们便开始行动了。

　　有一天，小淘来到教室里，发现自己桌子上全是米粒，便大声喊道："是哪个混蛋把米粒放到我桌上的？"这时，米粒们气愤地说："你不但不爱惜粮食，还讲脏话。今天，我们非教训教训你不可。"于是，他们就一哄而上，边说边打。小淘连忙叫道："你们别打了，我以后再也不敢了。"米粒们异口同声地说："那你得答应我们两个条件：第一，你以后要爱惜粮食，且不讲脏话；第二，画一幅关于爱惜粮食的画儿，贴在淘米池上。"小淘立刻答应了，而且全做到了。小米粒们都跷起了大拇指。

从此，这种事情再也没发生过，同学们都能自觉爱惜粮食了。

在我们国家，还有许多失业家庭的生活尚待改善，许多受灾地区的人们吃不饱、穿不暖，许多孩子没有饭吃，没有学上，没有鞋子穿，没有衣服保暖。因此，勤俭节约的传统美德绝不能丢。何况，爸爸妈妈每天那么辛苦地工作，他们用血汗换来了我们优越的生活，难道我们可以随便挥霍吗？当然不能，从现在开始，

从珍惜一粒米开始，从节约一滴水开始，从节省一分钱开始，做一个文明、优秀的好孩子。如果能够养成勤俭节约的美德，就意味着你有可以控制自己欲望的能力，也意味着你懂得珍惜父母来之不易的金钱，更意味着你是个懂得珍惜他人劳动成果的好孩子。

★珍惜粮食。生活中浪费粮食的现象很严重，这从每天从学校推出的一车车的剩饭剩菜上就看得出。我们要坚决改掉这个坏习惯。

★不要攀比，不额外增加父母的负担。学生不要攀比穿什么衣服，用什么高档文具，住什么好房子，而应该比学习、比品德。

★不要沉迷于网络游戏，因为这样既会影响你的学习，又会花费你的许多零花钱。

★不要盲目地"礼尚往来"。同学、朋友之间可以赠送一些小礼物，但表达心意即可，不必动辄上百元。因为父母的钱也来之不易，而且礼物的贵重并不代表友谊的深厚。

★不乱花钱。爸爸妈妈总是尽量满足我们的各种需要，他们这样做无非是希望我们能在一个优裕的生活环境中快乐地学习、成长。但是这不构成我们奢侈浪费的理由，不能乱花钱。

第**10**件事
珍惜父母的血汗钱

记一记

悯农二首
——李绅

锄禾日当午，
汗滴禾下土。
谁知盘中餐，
粒粒皆辛苦。

春种一粒粟，
秋收万颗子。
四海无闲田，
农夫犹饿死。

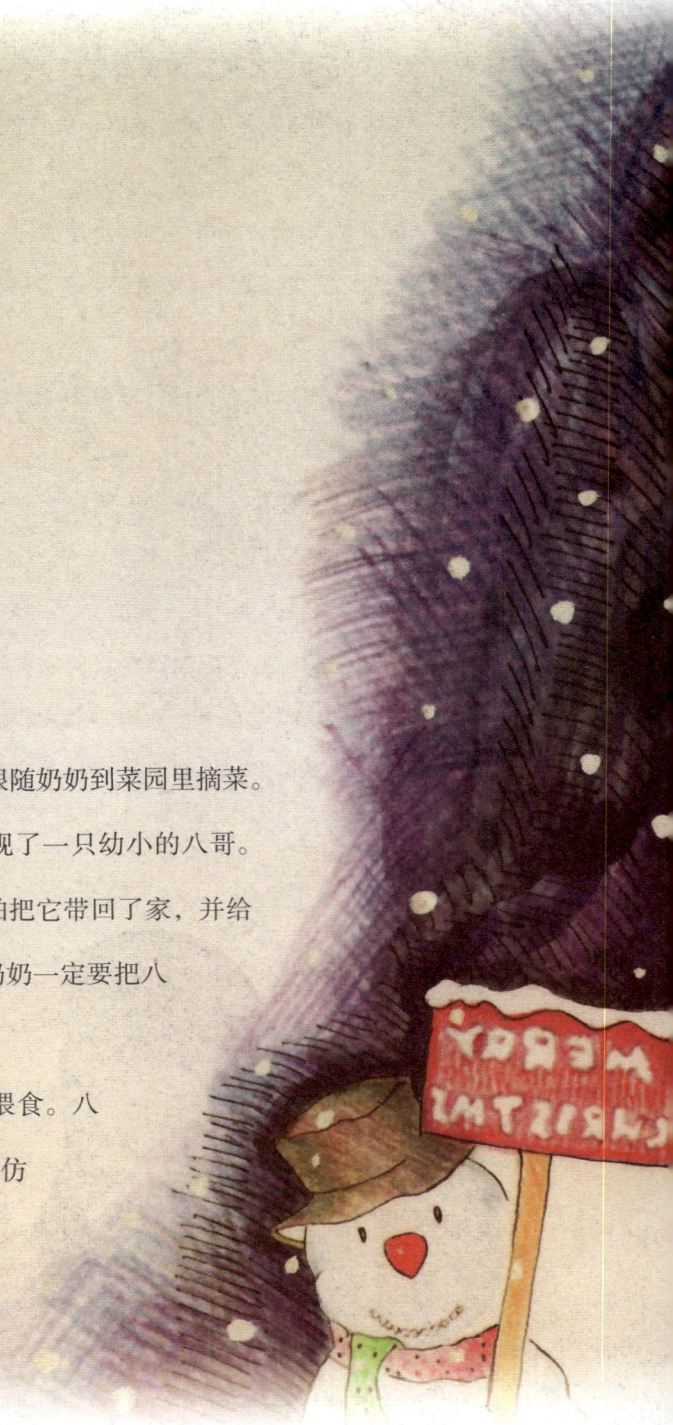

11

自己的事自己做

ZI JI DE SHI ZI JI ZUO

有一个 11 岁的小男孩儿跟随奶奶到菜园里摘菜。

突然，他在一棵柿子树下发现了一只幼小的八哥。

欣喜的小男孩儿立刻掏出手帕把它带回了家，并给

八哥做了一个竹篮，还告诉奶奶一定要把八

哥养大。

于是，小男孩天天给它喂食。八

哥一天天长大，他逐渐会模仿

一些人说话了，实在是很

讨人喜欢。有空的时

候，小男孩儿还带着

八哥出去遛弯儿，让它在大自然里尽情地捉虫子吃。但后来，即使出去了八哥也不去捉虫子，因为它觉得那实在是很费力气，每天专等着小男孩儿给它好吃的。

快期末考试了，功课非常紧张，小男孩儿整天很忙，已记不清几天没给八哥喂食了。一天，小男孩儿在烧早饭，他刚把锅盖掀开，饿极了的八哥就猛地冲进锅里，结果给烫死了。小男孩儿很后悔，他想：如果自己不是每天都给八哥喂东西吃，而是让它每天自己捉虫，也许八哥就不会死了。

八哥长期依赖他人，结果因为饥饿而断送了性命。看完这篇文章，相信很多小朋友都能自然地想到自己：我都这么大了，转眼就要上学了，可我什么事

都依赖家里的大人。自己的小手帕、脏衣服、脏袜子从来没洗过，就连洗脸、洗脚有时都是妈妈帮着洗，更谈不上自己做饭了。正如蒲公英长大后最终要离开妈妈一样，总有一天，你们要离开爸爸妈妈独自成长，但如果你们也像八哥那样，什么都不会，那如何能在社会中生存，如何能自立呢？因此，你们要从小就有意识地锻炼自己的自理能力，不要忽视这个重要的生活细节，自己的事情自己做，不依赖家长，并且尽自己所能帮助父母做一些事情。

第**11**件事
自己的事自己做

记一记

滴自己的血，
流自己的汗，
自己的事情自己干，
靠天靠地靠老子，
不算是好汉。

——陶行知

做一做

★整理学习用品。收拾学习用品，整理书包，记住和准备好第二天该带的东西，不要总是丢三落四，依赖别人的提醒。

★解决学习中的问题。学习上遇到了困难，要开动脑筋想想，实在想不出来时再请求别人的帮助，不要动不动就问。

★安排好自己的学习时间。每天在完成学习任务后，再看电视、玩电脑或者做其他事情，不要把今天的事情拖到明天，不要等到爸爸妈妈或老师催促了才去读书、写作业。

★搞好个人卫生。收拾好自己的房间，摆放好自己的衣服、日常用品，并保持干净整洁，不要随手乱放东西，不要等爸爸妈妈来整理。

12

WEI SHENG LI YI YAO LAO JI

卫生礼仪要牢记

　　小勇是一个淘气的小男孩儿。他以前不讲卫生，总是把自己弄得脏脏的，手指甲很长，还夹杂着黑泥，鼻子上总是挂着鼻涕。班里同学都不爱和他坐在一起。后来，当老师带着他看了显微镜下的细菌之后，在父母的督促下，他渐渐地变得爱干净了。每天早上刷牙、洗脸可认真了，还特别仔细地整理头发。现在，他惊奇地发现，再也没有人嫌他脏了，原来不喜欢他的同学也开始和他交朋友了。

　　讲究卫生，干干净净迎接每一天，不仅仅是为了我们自己，也是为了全家、全社会的环境卫生。不仅如此，一个人是否干净，还影响到他的社交。你看小勇就是变干净后才交到更多的朋友的。

第 **12** 件事
卫生礼仪要牢记

记一记

日常卫生记一记，
不能懒惰不能急。
要勤洗澡勤换衣，
有痰不能随地吐。
垃圾不能随地扔。
勤剪指甲常整理，
东西摆放要有序。
常把卫生来打扫，
保持周围很整齐。
不让细菌再滋生，
保证健康没问题。

★勤洗澡，勤洗头。我们正处于身体发育的阶段，每天的新陈代谢都很旺盛。因此，要经常洗澡、洗头，同时，还要每天换内衣和袜子。

★保持口腔健康。口腔健康不仅指早晚要刷牙，而且每次饭后都应刷牙。科学刷牙的最佳次数和时间是"三三三"，即每天刷 3 次，每次在饭后 3 分钟，每次刷牙 3 分钟。科学的刷牙方法是"竖刷法"，即顺着牙缝方向刷。

★定期整理和清洗书包。书包是我们每天都要携带的，它的整洁也关系到个人的卫生面貌，背上干干净净的书包会给自己一个好心情。因此建议最好每月刷洗一次书包。

★携带纸巾或手绢。把它们放在书包或衣兜等方便取出的地方，要吐痰或者擦鼻涕时便于及时取出。用后的纸巾不要随地乱扔。回家以后要更换、清洗用过的手帕。

13

关爱兄弟姐妹

GUAN AI XIONG DI JIE MEI

在遥远的古城里，有一户人家，母亲带着三个儿子生活。后来，母亲病重过世了。大哥将两个兄弟拉扯长大成人。兄弟三人成年后，想到也该各自独立生活了，于是，便商量着分开单过。

三兄弟平日里十分友爱，分家的事，大家毫无争议，所有的财产，统统分成三份，每人各得一份。

院子里有一棵生长了多年的银杏树，三兄弟不知该如何分才能公平。最后，实在没有主意，兄弟三人只好决定把树从上到下分成三截，每人取一段。第二天一大早，大哥提着斧子和锯来到院子里，抬头一看，愣住了。昨天还好好的一棵银杏树，今天叶子全都枯萎了，枝条也像被烧过一样，干裂粗糙。

大哥连忙叫来两个弟弟，他们来到院子里一看，也都愣住了。这究竟是怎么回事呢？过了一会儿，大哥忽然拍了拍脑袋，对两个弟弟说："我想，是不是这棵树不愿意我们把它砍倒分开？"

两个弟弟也若有所悟地喊道："不错！不错！一定是这么回事。"

大哥对两个弟弟说："这棵银杏树在我们家院子里生活了几十年，它亲眼看着我们兄弟三个长大成人。它不愿意把同根生长的根茎、树干和树梢分割开来，所以听了我们砍树的想法便很有灵性地表现出它的伤感。这件事也教育我们，亲

兄弟如同手足一样不可分割。"

三兄弟至此不再想分家的事，大家和和气气地生活在一起。银杏树也奇迹般地恢复了生机，而且比以前长得更加繁茂了。

说得多好啊，兄弟姐妹就像一棵树的根茎、树干和树梢，是属于一体而不可分割的，应该相亲相爱，互相扶持，才能越长越好，长成一棵参天大树。

在这个世界上，除了我们的爸爸妈妈，就只有兄弟姐妹与我们最亲了。尤

其是现在，独生子女越来越多，兄弟姐妹之情更是弥足珍贵。等我们长大了，有了各自的生活，兄弟姐妹就很少有机会在一起了。所以当我们还在一起的时候就要做到礼貌待人、体谅他人，多作情感交流。当所有家庭成员都为实现家庭和睦而贡献力量时，那么和谐的家庭生活就可以达到了。

做一做

★如果你是哥哥或者姐姐，那么请关心你的弟弟或者妹妹，适当地帮助他们。

★如果你是弟弟或者妹妹，那么也要尊重你的哥哥或者姐姐，听他们的话，不随便使小性子。

★兄弟姐妹之间要注意互相谦让，在吃、穿、用上面合理分配，不要为这些事情吵闹。

★兄弟姐妹之间还要互相尊重，要注意尊重哥哥、姐姐、弟弟、妹妹自己的意见，和睦相处，友爱融洽。

★兄弟姐妹之间还要互相体谅，也许哥哥、姐姐因为有烦恼，所以会对弟弟、妹妹态度不好；也许因为弟弟、妹妹年纪太小，不太懂事，所以常常惹得哥哥、姐姐生气。大家要互相体谅，不能只埋怨别人不体谅自己，自己却不能做到率先体谅别人。

第**13**件事
关爱兄弟姐妹

记一记

《弟子规》说兄弟：

【原文】

兄道友，弟道恭；
兄弟睦，孝在中。
财物轻，怨何生？
言能忍，忿自泯。

【译文】

做哥哥的要爱护弟弟，做弟弟的也要尊重哥哥。哥哥弟弟彼此和睦，也是一种对父母的孝顺。把财物看得轻了，兄弟之间的怨恨又怎么会产生呢？哥哥弟弟说话时要互相忍让，彼此就不会有矛盾。

第 2 章　学校礼仪

　　我们一天中的大半时间都是在学校度过的。学校生活丰富多彩，开学、上课、升旗、毕业、庆典、颁奖、比赛、集会等活动都在这里举行。它像一个小社会，而我们学生就是这个"社会"中的成员，因此遵守一定的礼仪规则才能在这里快乐地成长。

14

走廊上的礼仪

ZOU LANG SHANG DE LI YI

有一个年轻的绅士要过独木桥，刚走几步，迎面走来一位推独轮车的农夫。绅士向农夫说："农夫你好，我就要到桥头了，你能不能让我先过去呢？"

农夫不理，只是把眼一瞪，说道："你没看见我正推着独轮车要去赶集吗？"

两人争执不下，就在桥上吵了起来。这时，河面上漂来一叶小舟，舟上坐着一个僧人，两人不约而同地请僧人为他们评理。僧人双手合十，看了看农夫，问他："你真的很急吗？"农夫答道："我真的很急，晚了便赶不上集市了。"

僧人说："你既然急着赶集，为什么不尽快给绅士让路呢？你只要退那么几步，绅士便可以过去了，绅士一过去，你不就可以早早过桥了吗？"

僧人又问绅士："你为什么要农夫给你让路呢？"

绅士争辩道："因为我已经走了大半截了，难道要我返回去吗？"

"那你现在是不是就过去了呢？"僧人反问道，"你没看到农夫推着车吗？你是空手，退回去很方便。这样做既保持了你绅士的风度，又能很快过桥，何乐而不为呢？"

桥是公用建筑，如果他们能够合理地让路，也就不至于双方都过不去了。走廊也是公用的活动场所，每个人都有权利使用。因此，在学校的公共走廊上不能像在家里的走廊上那么随意。我们在使用的时候也要顾及到其他人的方便。因为，遵循一定的礼仪规范对人对己都是有好处的。我们无论什么时候都不能在走廊上奔跑，因为迎面随时都会有人走来，如果在走廊上奔跑的话，容易撞伤他人。另外，还要避免排成一排行走。有些人在行经走廊的时候，往往一边聊天，一边并排地

走着。即使是对面有人走来，也不加礼让。这是很没有礼貌的一种行为。因为这样走，你们就占用了很大的空间，给别人造成了不便。在狭窄的走廊上行走时，如果看见有人手持重物走来，我们应该给对方留出足够的空间让其优先通过。

除了上文中提到的一些礼仪需要注意外，你还可以像下面这么做，只要你能记住这些，相信你很快会成为一个大家都喜欢的小学生：

★ 在上课时间，行走时应该尽量轻声，不要发出巨大的响声，以免影响他人上课。

★ 在走廊上要靠右侧行走。如果大家不遵守这个规则，那么走廊上可要乱套了。大家都逆向行走就会发生摩擦、撞倒等事情。

★ 行经转角时，走在外侧的人应尽量靠外走，而走在内侧的人则尽量靠内行走，以免发生碰撞。

★ 有急事时，可以快步行走，但还是不要奔跑。

第 **14** 件事
走廊上的礼仪

读一读

我们在路上的礼仪规范：

1. 避免坐在大路上，停留在拐弯处或商店门口。影响他人通过是不礼貌的行为。

2. 避免在路上吃东西，那是不礼貌的，也是不卫生的。

3. 切忌在路上玩耍，不要把道路变成娱乐、消遣、打发时光的场所。

4. 保持道路干净卫生，不要把废物、垃圾和秽物扔在人们的过道上。

5. 清除路上的果皮、玻璃、钉子、石块等障碍物，以免绊倒别人。

15

爱护公物

AI HU GONG WU

　　小刚正在与小明聊天，可当他准备起身的时候，椅子却粘在屁股上一起起来了。小明仔细一看，原来是一块口香糖粘在了小刚的裤子上。谁这么不讲文明呢？小明和小刚一起用力拔，终于把口香糖拔了下来。小明在一旁开玩笑似的与小刚谈论关于口香糖的这件事，可是小刚却闻到一阵刺鼻的臭味。

　　顺着味道，小刚将目光落在了小明的桌子底下。小刚问："小明，是不是什么东西在桌子下发霉了？"小明说："不可能。"说着，小刚就和小明在桌子下找了一遍。结果，在小明的桌子下面，发现了已经发霉的鸡蛋。这时，小明不再说什么了。

　　小刚与小明都被不爱护公物的人给害了，他们的亲身经历告诉我们，爱护公物是多么重要。不知你们是否看到楼道上、教室里的墙壁污迹斑斑，再看课桌椅，更是不堪入目，它们仿佛都在控诉着人们所犯下的"罪行"……破坏公物是一种不道德、不文明的行为。陶铸先生曾经说过："一个人有了崇高伟大的理想，还一定要有高尚的品德。没有高尚的品德，再崇高伟大的理想也不能达到。"

我们想要健康地成长，想要将来在事业上有所成就，首先必须严格要求自己，从小就培养爱护公物、节约水电、反对破坏公物的好习惯。

再说，公共财物是大家共有的，不是哪个人的，谁都不能任意毁坏，因为它是我们大家的，是为我们每个人服务的。所以，我们人人都有保护公共财物的责任；如果有人破坏公共财物，谁都有权利制止这种不文明的行为。

最重要的是要树立公共财物是国家和集体的财产，是神圣不可侵犯的这

一观念。有了这一观念你就能自觉地把爱护公共财物当做一项责任，处处自觉爱护公共财物。

爱护公共财物是我们每一个同学都应尽的义务。在我们身边，你会发现很多这方面的榜样，比如少年英雄赖宁为了扑灭森林大火，保住国家财产而光荣牺牲，还有草原英雄小姐妹龙梅和玉荣为了保护集体的羊群而勇敢地与暴风雪作斗争，这些懂得爱护公共财物的小英雄永远值得我们学习。

我们一定要做到，只要是公共财物，不管是一草一木，还是一桌一凳，我们都要善待它们，像爱护自己的财物一样爱护它们，做一个爱护公共财物的文明少年。

R 做一做

★每一位同学都要规范自己的行为，坚决远离破坏公物的陋习。

★发现身边的同学肆意破坏公物时，不能视而不见或扬长而去，应当及时提醒、劝阻并教育他们。

★要充分意识到破坏公物的严重性和危害性，把爱护公物的行为落实到生活中。

第 **15** 件事
爱护公物

记一记

爱护公物人人有责

文明古国河山好，
名胜景点有很多。
可惜游客乱刻画，
人见人唾百千年。
爱护公物记上心，
认真对待风景好。

59

16

集体活动中的礼仪

JI TI HUO DONG ZHONG DE LI YI

每年秋天，大雁都要飞到南方去过冬，它们往往排成V字形，在天空中飞行。

大雁为何要这样飞行？科学家经过研究得知：如果排成V字形队列飞行，整个雁群飞行的速度比单只大雁飞行的速度快73%。当一只大雁拍击翅膀时，就会为后面的大雁制造上升气流。当领头的大雁疲劳时，就会轮换到V字形队伍的尾部，让另一只大雁当领头雁。后面的大雁则发出"嘎嘎"的叫声，给前面的大雁鼓劲。

大雁无论何时掉了队，马上就会感到独自飞行的阻力，很快会回到队伍中来。当一只大雁由于生病或受伤而掉队时，有两只大雁会随它一起飞落到地上，帮助和保护它。它们守着受伤的大雁，直至这只雁出现好转或死去。然后，它们会加入新的雁群，或者组织自己的队伍去追赶前面的雁群。

多聪明的大雁啊！它们借助彼此的气流，轮流占据领头的位置，用叫声相互鼓励，保持队形，关心伤员，从而飞出了比孤雁远得多的路程。这就是集体的力量。

我们人类社会更是一个由众人组合成的团体。单独一个人是不可能生存下去的。不管你是否意识到，你的生活其实处处都存在于一个集体中。集体是一个有秩序的团体。每个人都要遵守这个团体的秩序，这样才能和大家和睦相处。但是，往往有些人就不那么遵守集体活动的秩序，他们在路上不听从带队人员的安排，嬉戏打闹。这既给他们自身的安全造成了很大的隐患，也给他人的安全带来了影响，同时还影响了自身的形象。这样的人给别人一种很没有教养的感觉，还给带队人员增添了许多麻烦，有时还会出现突发情况，令人手足无措。因此，还没有注意遵守集体活动秩序的孩子要从大雁身上学习遵守秩序的重要性，争取改掉不

遵守秩序的习惯。

　　值得注意的是，集体活动的过程，是每个人发挥主动性、积极性的过程，参加集体活动不仅能使自己在活动过程中受到教育，而且还能使自己取得一定程度上的"重塑"，获得更大的进步。因此，小学生朋友在校期间应尽可能地多参加班级学校组织的活动，相信你一定可以从中学到很多东西。

😊 做一做

参加集体活动一定要注意以下几点：

★参加集体活动不要迟到，站队要快、静、齐。

★集体乘车时不拥挤、不抢座、讲谦让，不大声喧哗，保持车内清洁。

★不擅自离开集体。

★遇到问题或困难及时找老师帮助。

★参加学校里的集会，如报告会、演讲会、纪念会等，也要注意礼仪。

★活动进行中，要注意听讲，不要在活动现场随意走动、说笑，更不可打闹、起哄。要学着做一个优雅的活动参与者。

记一记

每个人都是集体中的一分子，积极参加集体活动是热爱集体的表现，积极参加集体活动，可以在活动中锻炼自己，为集体争光。在一个欢乐融洽的集体中学习，会使大家的生活更愉快美好，也会使集体充满凝聚力。积极参加集体活动对小学生来讲，是一件非常有益的事情。

17

上课礼仪必须做到位

　　小乌鸦见森林里的其他小动物都跑到森林学校上学去了，他也耐不住寂寞想去上学。乌鸦妈妈只好给他交了学费，让小乌鸦上课去了。

　　小乌鸦刚开始对学校的一切都感到很新鲜，学起来也津津有味。可是，过了一段时间，他就开始不守规矩了。有一次，山羊老师正在给大家上数学课，其他小动物听得都很认真，还不时举手提出问题，可是小乌鸦居然趴在桌上睡着了，还打呼噜呢！山羊老师很生气，他把粉笔狠狠地砸到小乌鸦的头上。小乌鸦被打醒了，揉着眼睛说："怎么了？"

　　小乌鸦真是太不爱学习了，不仅如此，他还不尊重老师，一点儿礼貌都没有。如果哪个老师上课出了一点儿小错误，他就会撇撇嘴说："犯了错误，还教大家

啊！"如果小乌鸦不喜欢哪个老师，他就会在那个老师的课上不停地说话、捣乱。结果，搞得大家都不愿意和他一起上课了。

小乌鸦不守上课礼仪，我们可不要学他。老师站在讲台上讲课，本来就很辛苦了，如果我们再不遵守课堂秩序，那么老师的正常教学就无法进行下去，我们也就学不到知识了。此外，尊重老师的劳动也是一个人最起码的修养。作为一个学生，上课的秩序、礼仪是一定要遵守的。

做一做

对照一下，这些你都能做到吗？

★ 提前两分钟进入教室，端坐着恭候老师的到来。如遇到特殊情况，比如迟到了，要在教室门口停下，首先喊"报告"，在老师允许后，才进入教室。在走向自己的座位时，脚步要轻，动作幅度要小。

★ 上课时，着装应整洁，不得戴帽子、手套。夏季不得赤膊或只穿背心，不得穿拖鞋、扇扇子。

★ 提出问题或者回答问题时，应先举手，经老师允许后再起立发言。实验课要遵守操作规程，保证安全、卫生和良好的秩序。对老师讲述的内容有异议时，最好下课后单独找老师交换意见。

第 **17** 件事
上课礼仪必须做到位

记一记

上课了

丁零零，上课了，
快进教室来坐好。
学习用品放整齐，
等待老师来上课。
老师说话认真听，
提出问题动脑筋。
回答问题声音响，
相信自己一定行！
正确与否没关系，
锻炼自己是目的。
多多参与多学习，
功课才能没问题！

一个人如果每年根除一种恶习，那么他
用不了多久就会成为十全十美的人。

——坎普滕的托马斯

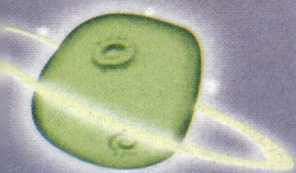

18

爬楼梯

PA LOU TI

小乌鸦住院了。小公鸡、小山羊、小熊以及山羊老师一起到医院探望他。一进门就看见小乌鸦一条腿裹着厚厚的石膏吊在支持架上。小乌鸦看到老师还有这么多同学来看自己，觉得很过意不去。

山羊老师清清喉咙说："你们以后要小心点儿，不要在楼梯上打闹。小乌鸦，你可要记住这个教训啊！"

小乌鸦委屈地说："我不是故意的，都是小熊挡住我的去路了。"

小熊更加委屈地说："我也不是故意的，老师找我有事呢！"两个人都争着互相辩解，好像这次出事都是对方的错造成的。

山羊老师说："不要争了，你们相互礼让一下，这件事情就不会发生了呀！"

现在的学校一般都是多层建筑，有的还是高层建筑（楼层超过 9 层），所以我们每天都要爬楼梯。虽然有些学校有电梯，但毕竟是少数，而且就算有电梯，爬楼梯也是不可避免的。因为除了特殊情况外，一般学生还是利用楼梯的机会比较多。因此，我们时常听到一些因为从楼梯上摔下来而致残的惨剧，轻则摔伤，重则头部受到强力的撞击，其实这些都是可以避免的，只要我们平时注意一下上下楼梯的礼仪规范就可以了。仔细学习后面的"做一做"，记得一定要照做啊！

做一做

爬楼梯的礼仪很重要，它既关系着一个人的修养，也关系着个人的人身安全，以下这些记得要遵守哦！

★爬楼梯的时候要靠右走，以免与下楼梯的人发生碰撞。

★不要并排走路，应该错开走。因为楼梯本身狭窄，并排走太占空间，这样会给他人上下楼梯造成不便。

★有急事的时候，有些同学喜欢一步两阶地跨步上下楼。这样做是有危险的，尤其是下楼梯的时候，如果踩空了，那就十分容易摔伤。所以，无论你有多急的事情，还是以安全为重，缓步上下楼梯。

★千万不要在楼梯上打闹或者做游戏，这些行为都是危险的。

第**18**件事
爬楼梯

记一记

罗马尼亚俗语说：鸟靠翅膀飞翔，人靠美德来往。不爱护别人，就是毁灭自己。日常生活中，小学生朋友可以从谦虚礼让这件小事做起，宽容地对待别人，在大家遇上困难时伸手相助，在遇到矛盾时谦让一下，改善自己与别人的关系，使自己的心灵得到慰藉和升华。

19

尊敬老师

ZUN JING LAO SHI

每个人的成长都离不开老师的教导，老师默默无闻地在三尺讲台上为自己心爱的学生无私奉献出自己的一生，因此，他们也被人们尊称为人类灵魂的工程师。

古今中外，有很多名人尊敬老师的事例。

汉明帝刘庄做太子时，博士桓荣是他的老师，后来他继位做了皇帝，"犹尊桓荣以师礼"。他曾亲自到太常府去，让桓荣坐东面，设置几杖，像当年讲学一样，聆听老师的教导。他还将朝中百官和桓荣教过的学生数百人召到太常府，向桓荣行弟子礼。桓荣生病，明帝就派人专程慰问，甚至亲自登门看望。每次探望老师，明帝都是一进街口便下车步行前往，以示尊敬。

这样的事例还有很多，那些做出了如此高的成绩的名人伟人尚且对自己的老师那样的尊重，我们更应该加倍地尊敬辛苦教导自己的老师。我们还应该学习他

们尊重热爱老师的这种美好品质，在日常生活中也尊敬热爱自己的老师。因为，在我们的健康成长中，有老师一份无私的关怀；在我们取得的优异成绩里，也有老师一份辛勤的汗水。天底下，没有一个不喜欢自己学生的老师。老师会为你取得的每一点成绩而欢呼雀跃；老师会为你的每一点进步感到由衷的高兴。

当看到你有缺点时，老师会尽心尽力地帮助你改正；当你面对挑战或困难犹豫不前时，又是老师发现了你的害怕，鼓励你前进……所有的这些都告诉我们，尊重老师是我们每一个人的责任。

尊师重道一直是我国的优良传统，我们青少年应该继承这个传统，做一个有礼貌、重品德的好孩子。

第19件事
尊敬老师

记一记

程门立雪

据说宋朝熙宁进士杨时非常好学，曾经跟随著名理学家程颢、程颐钻研理学。相传在一个大雪纷飞的严冬，杨时又到程家求教。这时，程颐正在休息。杨时从窗户外看到这一切，为了使老师多休息一会儿，便不声不响地在院中静候老师醒来。过了很长时间，程颐醒来后，发现杨时还在外面等着自己，而这时的杨时已经被一尺多厚的积雪埋住了双膝。看到这个场面，程颐非常感动，也对杨时的好学精神更加钦佩。这个故事充分体现了中国传统文化中尊师重道的思想。

做一做

怎么做才是尊重老师呢？仔细看下面的介绍吧。

★尊重老师就要尊重他们的劳动。上课的时候，我们认真听课就是一种很大的尊重。

★和老师谈话的时候，应该主动请老师坐。如老师不坐，应该和老师一起站着说话。如老师请你坐，则可以和老师一起坐着谈话。谈话的时候，姿势要端正，双目凝视着老师，认真听他说话。对于老师的话，如果有不同看法应谦虚、诚恳地向老师请教。

★去找老师问问题时，应先敲门，经老师允许后方可进入。谈话时，声音要轻，以免影响办公室其他老师办公和休息。如果老师说完了，应向老师道谢再离去。

20

友谊第一，比赛第二

在激烈的比赛中，总是会发生一些令人感动的故事。某一届奥运会上，美国女子田径队有一位名叫迪德里克森的选手，她只有 18 岁，却早已多次荣获美国田径冠军和世界田径冠军。她能跑、能投、能跳，可以说是一个全能的优秀运动员。

在这次比赛中，她不出所料地以特有的跑、投技术，夺取了 80 米栏和标枪两项冠军，创造了这两个项目的奥运会新纪录。

但是在她和队友希利角逐跳高的比赛中，裁判却在两人都跳出 1.657 米的成绩时，判迪德里克森技术犯规，宣布成绩无效。

后来因迪德里克森提出抗议，才改判她获银牌。这对既是竞争对手又是好伙伴的好朋友为了她们之间的友谊，把各自的奖牌切割成两半，每块奖牌都焊成了半金半银。这就是著名的"半金半银"奖牌的故事。

　　这两个运动员的友爱精神真是令人感动。她们的做法生动地传达了"友谊第一，比赛第二"的运动精神。我们作为普通学生，参加最多的就是学校举办的运动会，每次老师在鼓励完大家之后都会重申这个宗旨，这是因为运动会的宗旨就是通过运动加强大家的联系，而并非只为夺得最后的冠军。如果一个运动员丧失了最基本的赛场礼仪，只是一味地想要争得冠军，就是违背了这一宗旨，那么即使夺冠也不会令人高兴。只有那些在赛场上努力过，赛场下与对手结下深深友谊的人才会从辛勤的汗水中获得最大的快乐。

比赛中要注意的礼仪：

★赛前，比赛双方在赛场中央面对主席台一字排开，向主席台和观众挥手或鞠躬致敬后，由东道主的队长带领队员主动和客队队员握手，交换队旗、互赠礼品，以示友好。

★运动员要尊重裁判。特别是比赛中失利的一方，应表现出良好的礼貌，尊重裁判。如有问题，可以通过正式的渠道提出来，切忌向裁判口出恶言，甚至动粗。

★比赛过程中运动员应具有良好的体育道德，不乱发脾气，控制好自己的情绪，与对手发生摩擦时，不可以恶意报复。

第**20**件事
友谊第一，比赛第二

记一记

比赛中友谊不可缺少，如果没有友谊，比赛就会失去灵魂。小朋友们要牢记，在比赛的每一个时刻、每一个过程中，友谊都在发挥着不可替代的重要作用。因为友谊的存在，赛场上才会总有对手成为朋友的佳话；因为友谊的存在，陌生人才会把本属于赛场的敌对化为友好，把对手融成朋友，把普通的较量升华到精神的比拼。它把每一颗炽热的心连接起来，为了一个共同目标而喝彩。

唯一能持久的竞争优势是胜过竞争对手的学习能力。

——盖亚斯

21

崇尚科学不迷信

CHONG SHANG KE XUE BU MI XIN

　　很多小朋友可能都听过几个鬼怪故事，在那些故事里，人们总是会碰到一些动物变成的妖怪或者是人死后似乎还活着的鬼魂来危害他人，再加上现在有很多层出不穷的恐怖影视剧，更加深了小朋友害怕鬼怪的恐怖感。因此，当这些小朋友一听说某些人利用一张黄纸或者一口茶水之类的东西就能帮助自己避免那些恐怖的东西时，就不管是真是假全盘接受了。

　　那么在这个世界上真的有鬼怪或者真的有可以帮助大家驱邪免灾的神仙吗？当然没有。那些鬼怪与神仙都是这个世界上根本不存在的东西，所谓"鬼魂现象"，是某些人为了特殊目的制造出来的：或者为了吓人，或者为了某种恶劣的目的。这些东西经不起时间和科学的考验，如果你能用科学的眼光透过现象去看本质，

就会发现那各式各样的鬼怪无非都是来源于生活，又被一些人经过加工后拿来吓人的假象而已。

　　过去，人们的科学知识贫乏，不知道雷鸣闪电、刮风下雨等自然现象是怎么回事。于是就凭借想象去解释它们的发生，认为是神灵在作怪。雷鸣电闪就是"雷公"、"电母"在发怒，洪水泛滥就是水里的"龙王"作怪……一些别有用心的人，制造出神仙鬼怪欺骗人们，以便让老百姓听从他们的摆布。但是随着科学的不断发展，这些东西再也不能欺骗大家了，因为人们已经逐渐明白了这些自然现象的科学道理。

　　现在，社会上的某些地方还存在一些封建迷信的东西，并且以各种方式表现出来。比如，在一些地方巫婆神汉装神弄鬼；测字先生无中生有……在科学发达的今天，小学生朋友一定要牢记用科学的世界观看事物的道理，辨清其中的真伪，不能上当，不仅要爱科学、学科学、用科学，还要宣传科学，帮助那些迷信的人从愚昧中解脱出来，相信科学，反对迷信。

谁是鬼？

有一个人参加宴会回家晚了，出门时正下大雨，于是举伞遮雨。这时，他看到房檐下有人在避雨，就邀请他共用一把伞。

走了一段路，对方一直没有说话，他有点儿害怕了，以为是鬼，就用脚去踢对方试探一下，正好没有碰到，他怕极了，于是就使劲儿把那人给挤下了桥，然后狂奔。

正好附近有个卖年糕的早起做生意，他赶紧跑过去大喊有鬼，这时另一头也有个遍体湿透的人跑来大喊有鬼，两个人相视一愣，这才明白是怎么回事，然后哈哈大笑起来。

读完这个故事，仔细想一想，这个世界上真的有鬼吗？迷信的坏处有哪些？

第**21**件事
崇尚科学不迷信

记一记

发现自己的家里人参加迷信活动，我们应该勇敢地站出来劝说他们。

如果他们不能听从劝告，及时改正，就应该报告给有关部门。

22

公共厕所的礼仪
GONG GONG CE SUO DE LI YI

　　一只鹧鸪在树林里蹦蹦跳跳地玩耍，偶尔也飞到地上捕食一些小昆虫。阳光透过树林的缝隙洒落到他的身上，暖融融的。他高兴地边玩边唱歌："鹧鸪，鹧鸪，真快乐……"

　　正当鹧鸪玩得开心的时候，一个捕鸟人悄悄地走到他的身后，支起一张捕捉他的网。

　　鹧鸪没有发觉，仍在起劲地唱着："鹧鸪，鹧鸪，真快乐……"只听"啪"的一声，张开的网落下来，严严实实地罩住了鹧鸪。

　　鹧鸪大吃一惊，赶紧张开翅膀想飞走，可是翅膀已经被网缠住了，怎能飞得了呢？鹧鸪终于成了捕鸟人的猎物。

　　捕鸟人兴冲冲地把鹧鸪带回家，准备把他炖了，饱餐一顿，鹧鸪既伤心又害怕，不住地哀求捕鸟人："捕鸟人先生，请您饶了我吧，您看我是只多么幼小的生命，

您怎么忍心把我吃掉呢？"

　　捕鸟人看他说得怪可怜的，也不禁心软起来。正当捕鸟人犹豫不决的时候，鹧鸪又进一步讨好捕鸟人说："先生，您还是放了我吧，这样对您会有更大的好处。因为我可以回去引诱更多的鹧鸪让您捕捉，以报答您对我的不杀之恩。"

　　鹧鸪心想："用许多的鹧鸪换取我这一只鹧鸪的生命，捕鸟人是一定会同意的。"但是他没有想到，这番话反倒激怒了捕鸟人："告诉你，鹧鸪，本来我真的想把你放了，可是现在我改变了主意，因为你是一只心眼不好的鹧鸪，为了自己的命，竟然不惜陷害同类。这样的败类，留着有什么用呢？"鹧鸪终于被捕鸟人炖着吃了。

　　这只倒霉的鹧鸪为了自己的性命竟不惜以同类的生命来交换，真是害人终害己呀！那么在我们现实生活中，你是否也在做这种相同性质的事情呢？比如去上公共厕所，用完后不冲水，结果使厕所越来越脏，终有一天，它变得肮脏

不堪，你也不得不忍着去找更远的厕所了。这种行为和那个鹧鸪有什么区别呢？

上厕所是日常生活中不可避免的事情，你不用觉得害羞或不好意思。你真正应该在意的是自己是否遵循了去厕所时应注意的礼仪：比如当你用完厕所后，随时冲洗；用过的卫生纸丢进垃圾桶等。

虽然是件很私密的事情，但事实证明，它特别容易使别人了解一个人的为人。所以，从现在开始文明地使用公共厕所吧！

做一做

★女生用坐式马桶，应该在马桶上坐好；使用蹲式便池，应在靠前的位置蹲下。切不可以采用半蹲的姿势，这样很容易弄脏厕所。

★男生上厕所时，身体应向前站好。使用完要记得冲水。如果使用的是坐式马桶，应将马桶的盖掀起后再使用。如果弄脏了，一定要用卫生纸擦拭干净。如果使用的是蹲式便池，身体应略微退后站立。

★如果厕所的每个位置都有门，那么一定要记得敲门。千万不可不敲门就直接把门拉开。

★厕所用完后一定记得冲水。冲水时，不可将纸巾等容易堵塞马桶的物品丢进马桶。

★上完厕所之后要洗手。

记一记

勿以恶小而为之，勿以善小而不为。惟贤惟德，能服于人。

——刘备

23

着装，马虎不得

ZHUO ZHUANG MA HU BU DE

　　从前有一头聪明伶俐的驴子，全身毛皮发亮，身强力壮，而且学东西非常快，动作也很迅速。从各方面来看，他都是头很优秀的驴子，因此受到同伴的尊敬，主人也非常喜欢他。当然，驴子也过着快乐的生活。

　　可是，令人意外的是，这头驴子有满腹的牢骚。驴子之所以会这样，是因为他对自己的能力很有自信，虽然他身为驴子，也受到了相当的礼遇，可只是被当成驴子看待。他对这一点非常不满，这使他的心里蒙上了阴影。

　　有一天，这头驴子在仓库里发现了一张狮子皮，心想："据说，狮子这种动物是百兽之王，我如果能够披上这张狮子皮，相信也会有狮子的威严和气魄，说不定会赢得更多的尊敬。"

驴子为了更新自己的形象，果真披上狮子皮走了出去。动物们看到他那凶神恶煞的样子，吓得掉头就逃。主人马上拿着棍子来教训他，当围观的人看到"狮子"被赶进了磨坊，都禁不住大吃一惊。但当人们了解事实后，这只驴子就成了大家的笑柄。

　　愚蠢的驴子很可笑，他就像我们当中有些同学想表现出个性，或者想模仿自己崇拜、喜欢的人而穿着不适合自己的服装一样。虽然着装并没有什么法律上的硬性规定，只是个人的自由。但是，着装往往可以表现出一定的身份、气质和审美。同时，着装也可以表现出对他人的尊重。试想一下，如果你去看病，医生穿着牛仔服，你是不是会觉得这个医生很不礼貌，进而怀疑他的医术呢？如果你去法院，而法官穿着一身运动服，你是不是会觉得这个身穿运动服的法官对工作很不严肃？所以，作为学生的我们，应该身穿适合自己身份及年龄的服装。因为这

既是一种对老师的尊重，也可以体现少年儿童的精神风貌。

对于着装，虽然俗话说"穿衣戴帽，各有所好"，也就是说穿着是人们日常生活中的平常事，是无须别人说三道四的。不过我们也得知道，合适的着装与不合适的着装带给自己的感觉和别人的观感确实是很不一样的。还在学校的我们，当然也有权利把自己打扮得漂亮，但这并不是说我们就可以无视我们自己的年龄和生活环境，随意装扮自己。毕竟，小学生还没有踏入社会，而且对审美的判断还不健全，很容易因为追随所谓流行美而走入一种对"美"的认识误区。所以，穿衣之前咨询一下父母，衡量一下自己的年龄还是很有必要的。

一个人的外表美不美，除了自身的气质和内涵外，还取决于着装是否得体。那些奇异的不符合自己实际的着装只能在短期内博得大家的注目，却不会在长期内获得大家的赞誉。所以，小学生一定要挑选适合自己身份及年龄的服装。

工具箱

第 **23** 件事
着装，马虎不得

记一记

好习惯是一个人在社交场所中能穿着的最佳服饰。

——苏格拉底

做一做

★服饰以样式简洁明快为好，不要穿过于复杂的衣物。

★夏天不要穿过于薄、透、短的衣裤和拖鞋去学校。

★青少年不宜穿高跟皮鞋，体育课穿球鞋或者布鞋为好。

★青少年的发式适宜直发，不宜烫发。男孩儿的头发要干净整洁，不宜留长发。

★青少年不宜化妆，也不宜佩戴贵重、复杂的首饰。

第3章 公共场所礼仪

　　人人都需要一个温馨、舒适、欢乐、幸福的家，同时也需要一个祥和安定的社会生活大环境，即清新爽洁、和谐有序的公共活动场所。这样才能使人们更好地学习、工作，更好地生活、交往。公共场所，是为社会公众提供服务、供大家活动的地方，它在人们生活中占了十分重要的位置。因此，学会一些公共场所的礼仪也是我们必不可少的功课。

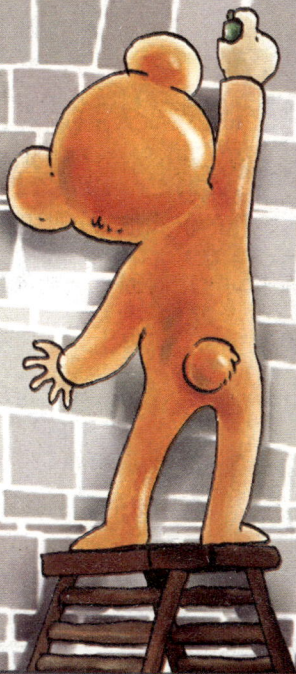

24

宴会的出席之道

YAN HUI DE CHU XI ZHI DAO

　　小乌鸦和乌鸦妈妈去参加仙鹤的婚礼。婚礼上有很多人，小乌鸦碰到了很多熟人，像小熊、小公鸡、小狗……

　　婚礼的仪式很长，小乌鸦觉得很无聊。他是个好动的家伙，总喜欢搞出点儿动静来。这个时候，仙鹤先生正准备给仙鹤新娘戴结婚戒指，小乌鸦心想：这么多同学在场，我得出一下风头才行。

　　于是，小乌鸦突然高声地嚷道："上次，仙鹤先生送给天鹅大姐姐一条项链，怎么这次送给仙鹤姐姐一个小戒指呢？不公平嘛！"大家听后，都吃惊地看着仙鹤先生。

　　仙鹤新娘也生气地瞪着仙鹤先生。仙鹤先生真是不知怎么回答这个问题，一时间气氛特别尴尬。乌鸦妈妈忙捂住小乌鸦的嘴，连声跟仙鹤先生道歉。

现代社会，孩子们常常会跟随父母去参加各种各样的宴会，比如亲属的婚宴、父母朋友的聚会等等。为什么父母喜欢带你们赴宴呢？因为这对增长你们的见识、提高社交礼仪的能力和加强社交的修养，以及活跃宴会气氛是很有好处的。但是有的孩子却因为没有礼貌而影响了父母的形象，破坏了别人的情绪。小乌鸦的做法就是很无礼的行为。我们千万不要为了出风头而打搅宴会上的其他人，在这样的场合，要做一个守礼、懂事的孩子。

第**24**件事
宴会的出席之道

记一记

有谦逊、愉快、诚恳的态度，而同时加上忍耐精神的人，是非常幸运的。

——塞涅卡

做一做

赴宴注意事项：

★穿戴整齐。注意保持衣着的整洁，尤其是在用餐的时候，不要把食物弄到身上，更不要弄到别人的身上。

★到了酒店，不要抢着就座，不要随便和其他人交换座位，因为这样做对其他人是不礼貌的。就座后，坐姿端正，不要两腿摇晃或者头枕椅背伸懒腰。与其他小朋友交谈时，不要唾沫四溅，不要用手指指画画，声音不要太高。

★每当上菜的时候不要迫不及待地把菜转到自己面前，更不能在别人夹菜的时候去转菜盘。夹菜的时候不要用筷子在菜里翻来翻去，这样很不卫生，也很不礼貌。

★当主人端给你食物时，如果你不喜欢，千万不要说"讨厌"等话，可以说声"谢谢"，把食物留在盘子里不吃，但不能流露出不满的情绪。

25

做一个优雅的食客

ZUO YI GE YOU YA DE SHI KE

　　王先生一家去餐厅吃年夜饭，菜刚上桌，儿子小虎就迫不及待地主动"出击"，旁若无人地大吃起来。因为个儿矮，他索性站在椅子上，把自己喜欢吃的冷盘全部拖到面前。

　　尽管王先生一个劲儿地阻止，可是小虎看到一旁的叔叔、阿姨都宠着自己，就越吃越来劲儿，一点儿也不听爸爸的话。这还不算，正当大家还吃着时，小虎就捧着圆圆的肚子嚷着要回家了。

　　故事中的小孩儿显然是很失礼的，我们一定不要学小虎的样子。因为从小就养成良好的就餐习惯，吃有"吃相"，学会尊重别人，对塑造良好的自我形象是非常重要的。那些小时候养成的坏习惯长大后很难真正改过来，所以从现在就开始注意一些坏习惯、坏毛病，坚决把它们改掉，做一个真正优雅的食客！

做一做

就餐要注意：

★就餐之前，一定要把手洗干净。

★就餐时，不要用口去接食物，不要在大块食物上咬一口，再将剩下的部分放回去，更不要把盘子端起来，只往自己的碗里添加食物。如食物较烫，不能对着食物吹气，这在餐厅等公共场合是失礼的。

★喝果汁等饮料时，应先用餐巾抹嘴，不要把食物残渣留在玻璃杯上。然后再慢慢地喝，不要一口气都喝下去。

★就餐的时候，坐姿必须端正。不要跷着腿，更不要懒散地坐在椅子上，或者把椅子向后倾斜成只用两条腿着地。

★正确使用筷子。用餐时，不要将筷子在菜上乱挥动，不要用筷子穿菜吃，不要将筷子含在口中，不要用筷子去搅菜，不要把筷子当牙签，不要用筷子敲击桌碗，不要用筷子指点他人。

第**25**件事
做一个优雅的食客

记一记

每个人都知道，把语言化为行动，比指导行动化为语言困难得多。

——高尔基

26

KUAI LE DE ZI ZHU CAN

快乐的自助餐

有个教徒死了，他的灵魂来到了上帝的面前。教徒问上帝："到底天堂和地狱有什么区别？"上帝笑着说："你跟我来就知道了。"上帝领着教徒来到了一间屋子，他推开门，教徒看到一大帮人围坐在一个大四方桌子前，桌子上摆着美味佳肴，那帮人每人拿着一双一米多长的筷子拼命地夹起食物，但就是送不到嘴里去，所以他们都像饿死鬼般痛苦地煎熬着。上帝又带着教徒来到另一间屋子前，教徒推开门看见这间屋子里的人也是拿着一米多长的筷子在吃食物，但是他们却是相互喂着对面的人吃。教徒明白了，他对上帝说："只有相互礼让，帮助别人才能吃到食物。地狱和天堂的区别就是人心的善恶。"

这个故事告诉我们，礼让是任何时候都应该具有的一种美德。自助餐的形式很适合孩子们的口味，想吃什么就拿什么，很自由，还可以随意地说话。似

记一记

自助餐，真方便，
不过礼貌不能忘。
吃饭先后有顺序，
乱抢贪多都不对。
吃多少盛多少，
才能吃饱又吃好。
盘中不留剩饭菜，
习惯不好很浪费。
自助食用讲礼貌，
才是优秀小学生。

乎自助餐就是为了小孩儿设计的，因为我们最怕"繁文缛节"。可是吃自助餐也有礼仪讲究的，否则就像地狱中的人那样，怎么抢食物，都送不进嘴里，仔细看"做一做"，认真地去实行吧。

做一做

自助餐要这样吃：

★进入餐场后，不要抢先发起"冲锋"。只有在主人宣告开始之后，方可随大家一起排队取食。

★在取用自助餐时，应了解取菜的顺序，然后依次而行。取用自助餐的正确顺序应为冷菜、汤、热菜、点心、甜品和水果。

★取食的时候，每次只取少量的食物，应该本着"多次少取"的原则，不要"一次取个够"。因为，后面还有人在排队。

★不要把托盘里的每块糕点都吃过一遍，再判断哪一块好吃，而是取出自己想要的那一块糕点。

★如果调料是公共用品，那么不要用你的食物去蘸调料，这样是很不卫生的。更不要用手去蘸调料，然后再舔自己的手指。

27

今天你让座了吗

JIN TIAN NI RANG ZUO LE MA

一个周末，丽丽一家人去逛街。公交车来了，丽丽很快上了车，她不仅自己占了一个座位，还为爸爸妈妈各占了一个座位。很多人从她身边走过，丽丽嚷着说："不要坐，这个位子是我的。"车走了几站，上来了一个老人。丽丽的爸爸给老人让了座，但丽丽却不理会。下车后，丽丽还责怪爸爸为什么让座。爸爸妈妈觉得丽丽的问题很大，还是个小孩子就这样自私，长大了还得了？于是，夫妻俩决定教会丽丽让座。他们告诉丽丽："你为父母占位置，出发点是好的，但爸爸妈妈不赞成。在公共场所，每个人都要讲究社会公德，要把困难留给自己，把方便让给别人。"

以后，丽丽的父母便以身作则严格要求自己。他们看到行动不便的老人、小孩儿和孕妇就主动把座位让给他们。丽丽渐渐受到了感染。有一次，一个老人上车了，丽丽看到了，主动起身说："您坐这里吧！"这个老人高兴地说："你真懂事！"听到表扬后，丽丽一家人开心地笑了。

确实，让座是件很简单的事情，每个人都能做到。不论乘坐什么车，讲究社会公德和礼让是一个有教养的人最基本的良知。

公交车礼仪有这些：

★乘公交车时，应该排队上车，先下后上。现在有不少无人售票的车，规定了前门上后门下，因而不要为了抢座位而违反规定，给驾驶员和其他乘客造成不必要的麻烦。

★尊重驾驶员和售票员的劳动，主动买票或投币。

★公交车上人多拥挤，不要乱撞乱挤抢座位。拥挤时，碰头碰脚是难免的，要相互理解，不应指责对方，如碰撞到他人一定要说声"对不起"，表示歉意。

★对乘车的老人、小孩儿和孕妇，有义务为他们让座，帮助和照顾他们。如果有人给你让座，必须说句"谢谢"。

★乘车时，不要将果皮纸屑等废弃物随意乱扔，更不能将其从窗口扔到马路上。如果携带着易污染、有异味的东西上车，要妥善包装好，以免弄脏车内环境。

★当有乘客下车，座位空出来时，如果自己正好站在空位的旁边，应先扫视一下四周，看看有没有比自己更需要座位的人。不要急于先坐下，更不要搞小动作，用胳膊挡住别人或者把书包放在座位上。

第**27**件事
今天你让座了吗

记一记

乘车歌

上车时要队排好，
上车以后不乱跑。
零钱备好去买票，
车厢里面不喧闹，
安安静静秩序好。
有座位，不去抢，
老人小孩照顾到。
下车时，不拥挤。
讲文明，讲礼貌，
开开心心上学校。

28

骑自行车的礼仪

QI ZI XING CHE DE LI YI

　　小聪和小兵是同学，他俩的家又刚好挨在一起，因此小聪和小兵成了好朋友。因为学校不远，他们就每天一起骑自行车上学。

　　一天，小聪和小兵同往常一样骑着自行车去学校。可能是路上太无聊了，小聪建议小兵说："咱们来个比赛吧，看谁先到学校。"小兵同意了。于是，两个小孩儿就在大马路上搞起了自行车比赛。结果，这天他俩都没有去上学，因为骑得太快的小兵被迎面过来的汽车撞倒了。

　　我国一直有"自行车王国"的称誉。即使到现在，在小轿车开始进入普通家庭时，自行车用户还是很多。每天早上我们都可以看到大量的自行车车流，这已经成了一道独特的风景。但是这道"独特的风景"有时候也给我们本来就日渐拥

挤的交通带来不小的隐患。我们经常骑车去上学，一定要遵守交通规则和礼仪才能确保自己和别人的安全，像小聪和小兵那样的行为绝对不可取！

要严格遵守交通规则。按交通规则规定，骑自行车时，不准撑伞、双手离把、互相追逐、拦头猛拐、曲线行驶、攀扶其他车辆和在人行道上骑自行车。在市内骑自行车一般不准带人，在街道、公路上不准学骑自行车。

通过人行道时，必须下车推行。骑自行车进入机关、工厂、学校大门时，不要长驱直入；应下车推行，待进入大门后，再上车骑驶。

尊重行人，不要倚仗自己车技高超，就在人群中横冲直撞。要超行时，应对前面骑车者或行人轻缓按铃，不要猛然按铃，吓别人一跳。在过道口时，要主动礼让别人。对动作迟缓的老年人，骑车者要给予体谅，不要厉声催促，大加呵斥，这是很没有礼貌的行为。

不慎撞了别人，应主动道歉；如果对方被撞倒，要赶快下车搀扶；如将他人撞伤，应立刻陪其到医院就医，并承担事故责任。如果你是未成年人，就由你的监护人承担。伤了人后溜之大吉，是极不道德的行为。

第 **28** 件事
骑自行车的礼仪

记一记

骑自行车的好处

1. 骑自行车可使身材匀称，有减肥的功效。

2. 骑自行车是需要大量氧气的运动，所以骑自行车有强化心脏的功能。

3. 踩自行车压缩血管，使得血液循环加速，大脑摄入更多的氧气，会觉得脑筋更清楚。

4. 骑在车上，你会感觉身心畅快，所以可以说，骑自行车是愉悦心灵的一种方式。

想一想

放学了，小刚和三五个好友一同骑车回家，这已经成了习惯。一路上，大家山南海北地聊天，特别得高兴。为了能在嘈杂的环境里听清彼此的话，他们几个就并成了一排，还不时地互相拍拍肩膀。

可是，这可害惨了后边的人，想要穿过去，前面排得太密，从旁边过去，他们还不时地东倒西歪换方向，有不少人冲他们喊，可小刚他们充耳不闻，你说他们这样做对吗？

除了给别人造成困扰之外，你想想，有没有可能也给自己造成伤害？

29

观众也要讲文明

  著名的音乐家贝多芬有一次到一个亲王家里演奏，来客都是德国上流社会的人。正当贝多芬忘我地弹奏着钢琴，听众也陶醉其中的时候，一位伯爵旁若无人地说起话来，而且越说声音越大，丝毫不觉得打搅了贝多芬的演奏和他人的欣赏。

  贝多芬刚开始皱着眉头暗示性地加重了弹奏的音量，可是那位伯爵依然没有停止说话。最后，贝多芬忍无可忍，猛地停了下来，准备离开。

  主人忙起身劝阻说："为什么弹了一半要走呢？"贝多芬气愤地说："我不给不尊重艺术的蠢猪弹奏。"说完拂袖而去。

  贝多芬的故事告诉我们，作为观众或听众要尊重表演者，尊重别人的劳动。这也是一个人最起码的礼仪和修养。不尊重别人劳动的人，最终也将得不到别人的尊重！

想一想

小珍终于有机会去听一位著名音乐家的演唱会了,她自豪得不得了,仿佛自己就是音乐家似的。为了向同学炫耀,一进场她就开始打电话,手机不停地响,她则不停地进进出出,音乐曲目是一点儿也没听进去。散场的时候,她还抱怨座位太窄不方便进出,前后的观众总教训自己,很不礼貌。你能分析一下到底是谁做错了吗?

做一做

★尽量提前或准时入场,在入口处,主动出示票据请工作人员检验。进场后对号入座。

★观看演出或比赛时,不抽烟、不大声喧哗,切忌起哄、吹口哨、怪声尖叫、喝倒彩、扔东西;不乱扔垃圾,保持影院的卫生。

★入座后一般不要随便离座走动。如遇到特殊情况迟到或需要中途离场时,应弯下身子离座。同时,向被打扰的观众致歉,对起身礼让的观众要致谢。

★对精彩表演应鼓掌致谢,观看体育比赛时要为双方鼓掌加油;不嘲讽、辱骂裁判员和运动员,不做有损人格、国格之事。

★退场时要井然有序,不要争先恐后地一哄而出。围堵运动员或者滞留运动员车辆都是不文明的行为。

30

做一个文明的游客

　　国庆的时候，小丁和爸爸妈妈去峨眉山旅游。本来一家人出发时高高兴兴的，可是回来的时候却是愁眉苦脸的。

　　原来是小丁又出事了。峨眉山的猴子是一大景观，来这里旅游的人们总喜欢去观赏猴子。小丁和爸爸妈妈也到了猴山观赏猴子。这些猴子真是可爱啊！有的还不断学着游客的模样，引得游客哈哈大笑。小丁从来没有这样近距离地接触过猴子，所以特别兴奋。于是，小丁趁爸爸妈妈不注意的时候翻过铁链，向一只小猴走去。就在这时，一只大母猴挡在了小丁的面前，把他吓了一跳。母猴以为小丁要抢走小猴，就向他呲牙咧嘴。小丁吓得哭起来，爸爸妈妈看到了，连忙也翻过去救小丁，结果搞得一片混乱。

　　猴山的工作人员批评了小丁一家人。他指着公告牌说："这上面写得清清楚楚，

第**30**件事
做一个文明的游客

记一记

出游歌

中国公民出境游,
注重礼仪有尊严。
讲究卫生爱环境;
衣着得体不喧哗。
尊老爱幼助人乐;
女士优先礼貌让。
出行办事守时间;
排队有序不插队。
文明住宿讲节约;
安静用餐不浪费。
健康娱乐益身心;
赌博色情要拒绝。
参观游览遵规定;
习俗禁忌勿冒犯。

不要翻过铁链。"违反了规定的小丁红着脸不知道该说什么好。

旅游活动是一项寻找美、欣赏美、享受美的综合性审美活动,其本身就是一项文明活动。可以这样说,旅游是个寻美的过程,也是一次考验旅游者礼仪素质的机会。我们只有遵守旅游途中的基本礼仪,才能体会到做"上帝"的乐趣,并赢得别人的尊重。

做一做

★外出旅游不论乘坐什么交通工具,都应遵守规定,不要插队,不要在过道里奔跑,不要挑剔座位,要按座位对号入座;说话尽量放低声音,不要干扰别人。

★旅游观光时,注意爱护景点的公共财物。不要在柱、墙、碑等建筑物上乱写、乱画和乱刻,也不要随意破坏花草树木和伤害动物。

★如果到少数民族地区旅游,要注意必须尊重少数民族的习俗与礼仪。比如蒙古族人好客,但进入蒙古包时,主人不入座,你不得随便坐。

★出国旅游时,不仅要注重出入境礼节和规范,还要注意旅游的礼仪和禁忌。到了国外,一定要注意维护祖国的形象,充分显示我们礼仪之邦的风范。

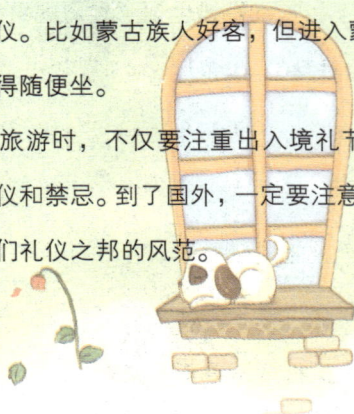

31

西餐中的礼仪

XI CAN ZHONG DE LI YI

    一次，小丁和表妹随父母一起去参加一个晚会。华丽的金色大厅中，侍者不停地在餐桌之间穿梭。小丁和表妹从未来过这么高级的地方，对一切充满了好奇。表妹说："你会吃西餐吗？"小丁本来不会，但是为了不被表妹看不起，就撒谎说自己会。

    爸爸妈妈忙着跟别人说话，没有时间照顾他俩。小丁和表妹开心极了。他们看到那么多丰盛的食物，早就把爸爸妈妈来时的叮嘱抛到脑后了。

    小丁看到一碗奇怪的清汤，侍者将这碗汤送到每个人的座位上。小丁口渴了，拿起那碗汤就喝起来，可是味道一点儿也不好。表妹问他："这是什么汤？"小丁一本正经地说："这是吃西餐前的第一道汤，你快喝吧！"表妹刚要喝，却看见旁边的女士将手伸进了那碗汤里！原来，这根本不是汤，而是洗手水。小丁的

第31件事
西餐中的礼仪

想一想

玉珍和爸爸妈妈一起和一位外国友人吃西餐，食物很丰盛，玉珍也很高兴。不过，这是她第一次吃西餐，所以她很好奇外国人究竟是怎么吃饭的。结果，一晚上下来她就一直盯着对面的外国叔叔吃东西，而且一看到他拿什么吃，她自己也立马去吃一样的东西，搞得叔叔很尴尬。爸爸妈妈说她，她却振振有词：我在学习啊。你说，玉珍究竟在哪些地方失礼了呢?

脸涨得通红。

西餐并不是我们的日常饮食，但是有时候大家一起去吃顿西餐的情况还是有的。这个时候，掌握西餐礼仪是必须的，千万不要不懂装懂，不然就会像小丁那样闹出笑话。如果你真的不懂，没关系，学习一点儿西餐礼仪保证会让你成为小绅士或者小淑女。

做一做

去西餐厅不能不知道的礼仪：

★穿着得体。去高档西餐厅，男士一般要穿着整洁的上衣和皮鞋；女士要穿套装和有跟的鞋子。

★用餐时，上臂和背部要靠到椅背上，胸部和桌子保持约一个拳头的距离，两脚交叉的坐姿最好避免。

★刀叉的使用。右手持刀或汤匙，左手拿叉。若有两件以上的餐具，应由最外面的依次向内取用。刀叉的拿法是轻握尾端，食指按在柄上。汤匙用握笔的方式拿。如果感觉不方便，可以换右手拿叉。吃体积较大的蔬菜时，可用刀叉来折叠、分切。柔软的食物可平放在叉子上，用刀子整理。

32

SHANG WANG LI YI

上网礼仪

小乌鸦家买电脑了，他非常高兴。小乌鸦自从学会了上网后，就不爱看电视了。乌鸦妈妈还挺高兴，她以为电脑就是用来学习的。

一天晚上，小乌鸦房间的灯还没有熄灭。乌鸦妈妈忍不住好奇，悄悄推开了小乌鸦的门，想看看儿子在做什么。只见小乌鸦正聚精会神地盯着电脑呢，一点儿也没有察觉房门被推开了。乌鸦妈妈走到小乌鸦身后，发现儿子正在上网聊天呢，而且说的话满是脏字。这可把乌鸦妈妈气坏了，她啪的一声就拔掉了电源……

21世纪是网络的时代，谁拥有了网络，谁就拥有了财富，拥有了未来。网络，作为具有大量信息的新兴媒体深刻地改变着人类对世界的感知、认识与参与方式，并且由此为人们带来了一系列深刻的社会变化。从这个意义上说，认识、掌握网

络，就意味着认识和把握未来。网络带给我们的不仅是精神上的改变，还提供了

更现代的人际交往的模式。我们通过网络与他人交流的广度和深度都是前所未有

的。但是，在网络交往中，需要注重一下网络礼仪，否则他会带来很多的不良影响，

仔细读"做一做"学习吧！

文明上网这么做：

★平心静气地争论。在网络上就某个问题展开争论是正常的现象。要以理服人，不要人身攻击。

★尊重他人的隐私。如果你与别人使用同一台电脑，注意不要随便打开别人的电子邮件或其他的东西。

★注意网上礼貌用语。网上交往同平时交往一样，用语要准确、简洁，发表意见应简明扼要、语言文明，不可长篇大论，更不可认为反正大家看不见，就在网上使用攻击性、侮辱性的语言。

★尊重别人的电脑密码。不要打听别人的电脑密码，更不要去盗取。

第**32**件事
上网礼仪

想一想

小明的同学之间最近很流行网酷的说法，就是上网和别人聊天的时候，"讲究"说脏话、大话、狠话，谁做得好谁就会被大家称为酷。于是小明今天和小丽网聊的时候，也开始不断说脏话，对小丽提出的学习建议还狠狠地嘲笑了一把。小丽很纳闷：怎么一上网，小明就变了个人似的？小明自己说只是为了放松，不要太认真，然而是真的放松了呢，还是松懈了呢？你来帮他想一想吧。

33

ZUO WEN MING DE GU KE

做文明的顾客

在英国的一个大型机场售票厅里，游客很多，队伍像长龙一样延伸着，很是壮观。很多游客排了半个小时的队，也没有买到票，只得无奈地离开，等改天再出行。也有人因为有工作任务在身，只能硬着头皮来排队，并不停抱怨自己来得太晚。

忽然，人群中出现一位西装笔挺、昂首阔步的绅士，他排到队伍最后，对人们抱怨说："现在航空公司的服务真是退化了，一点儿效率概念都没有。"他越说越气，干脆走到队伍最前面，挤近售票窗口，并用威胁的口吻对售票员说："你们知道我是谁吗？"

后面排队的人对他的这种行为非常不满，售票员面对绅士粗鲁的态度并没有与他争吵，而是停下手中的工作，抬头望了望后面的人群，对那些焦急等待的人说：

"不好意思，我想问问大家，你们有谁能帮这位先生回忆一下吗？他已经不记得自己是谁了！"

游客们顿时哄堂大笑起来，而那位绅士呢，听到售票员的话后，羞愧地走了。

这个故事里的"绅士"太没有礼貌了，幽默的售票员用一句戏言就狠狠地教训了他。购物是我们经常要做的事情，因而学会一定的购物礼仪是很必要的，它不仅能使你受到其他人的尊敬和欢迎，还可以培养你自身的文明礼貌。

做一做

购物注意这些：

★进入购物地点，用目光注视售货员，用微笑或者点头的方式问好，售货员就能对你产生初步的信任感，同时你还会感到自己受到了尊重。

★遇到麻烦请店员帮忙的时候，不要占用他们太多时间，尤其是在你不想买东西的时候。

★在排队或者结账的时候，应该耐心等待。

★如果你要买衣服，最好在试衣服之前把手洗干净，不要用脏兮兮的手触摸衣服，也不要把衣服随便丢到搁物架上。在试穿完后，应该把衣服重新挂到衣架上。

★如果弄坏了东西，应该告诉店员。店员可能会原谅你，但也可能要求赔偿。

想一想

王刚最近很信服刘磊的一条言论："顾客就是上帝，上帝说什么就是什么，因为我们花钱了。"所以，那天他到超市买东西，对碰到的服务员都是一副趾高气扬的态度，因为找不到要买的东西，有个服务员又不太清楚，就对王刚说"对不起"，结果王刚就大吵大闹起来，说服务员态度不好，很不尊重自己。你说他这种想法和行为对吗？这样做是在帮"上帝"还是在毁"上帝"呢？

我是我，你是你，

生活之中不攀比。

不铺张，不浪费，

艰苦朴素时时提。

消费算计好习惯，

合理花钱记心里！

34

婚礼中的礼仪

战国时，齐国有个姑娘到了该出嫁的年龄，有两家人同时送来聘礼，向她父母提亲。

东面人家的儿子长得很普通，家境也很一般；西面人家的儿子长得一表人才，家境殷实。姑娘的父母对女儿说："我看，你就嫁给西家的儿子吧。他的条件样样比东家的好。"但是，这个姑娘并没有同意父母的意见，而是另有打算。

有一天，这个姑娘偷偷跟踪东家的儿子，打算暗地里观察一下他的为人。一路上，姑娘见他办事有礼有节，很是满意。第二天，姑娘又跟踪西家的儿子，发现他虽一表人才，但是却蛮横无理。

后来，这个姑娘嫁给了东家的儿子。

从这个齐国姑娘择夫的故事来看，我们知道她更看重的是人品。我们最早参加的社交活动很可能就是婚礼。在这种场合，尤其是亲戚朋友都在场的情况下，我们往往就成了大家谈话的焦点。因此在这种场合保持一定的礼仪，不仅能给自己赢来赞扬，也能给父母脸上增添光彩。其次，婚礼的主角是新郎新娘，他们有很多事情要操心，如果因为你的不好的行为使亲属相处得不融洽而给他们增添麻烦，那就很失礼了。

做一做

婚礼中要注意这些：

★准时到达。如果新郎新娘要举行结婚仪式，你应该提前半个小时到场，中途到场是不礼貌的。

★和父母一起入场。参加婚礼的来宾的座位是根据他们同新娘或新郎的关系而定的，所以不要随便坐。

★如果你担当了新郎或者新娘的伴童，一定要按照事先告诉你的方式去配合他们，在举行仪式的时候不要随便跟父母讲话。

★在举行仪式的时候，不要大声说话或者玩耍，而是应该聚精会神地关注整个仪式的进行。

第**34**件事
婚礼中的礼仪

想一想

玲珑去参加同学的婚礼，新娘要穿着白色婚纱举行西式婚礼。玲珑想：我可不能被她比下去，一定要比她好看。于是，她也穿了一件白色的裙子。婚礼上人很多，她碰巧遇到了多年未见的一个老同学，结果为了显示自己的人缘好，她立刻就滔滔不绝地和对方聊起来，新娘新郎讲话的时候也不停。一有菜上桌，她就立刻把它给端到自己和那位同学面前，完全不顾别人。究竟玲珑哪儿做得不好？你来帮她挑挑错吧。

第4章 交际礼仪

人总是处于一定的社会关系之中，学生同样离不开与其他人的交往。和谐的人际关系既是我们心理健康不可缺少的条件，也是我们获得心理健康的重要途径。

35

ZAN MEI DE MO LI

赞美的魔力

　　花园里种着各式各样的花，在温柔的春风里，大家纷纷展示着自己的美丽。玫瑰开起红色的花朵，散发出一阵阵扑鼻的清香，使得其他花朵都为她的娇艳所倾倒，暗暗自叹不如。

　　种在玫瑰旁边的鸡冠花，长得瘦瘦长长的，头顶上的花朵像鸡冠一样鲜红。当她看见玫瑰绽放出高贵迷人的花朵时，觉得自己真是不好看。于是她带着既羞怯又羡慕的口吻对玫瑰花说："玫瑰啊！你的花朵真漂亮，简直就是花园里的皇后！每个人看到你都忍不住要停下来，欣赏你那柔媚的姿态。即使是神，也会被你的美丽吸引。我虽然长得不好看，但我会永远祝福你美丽、芬芳。"

　　玫瑰听到鸡冠花对自己的赞美，心里十分高兴。可是她却不骄傲，因为玫瑰知道自己也有缺点，于是玫瑰说："鸡冠花，谢谢你的称赞，我的外表虽然美丽，

但是能够维持的时间却不长。只要风吹大一点儿、雨下多一点儿，我的花瓣很快就会掉落。即使没有风雨，没有人来攀折，花朵也会很快枯萎。不像你，无论刮风下雨，都开着花，看起来一直很健康、年轻。"

懂得欣赏别人的鸡冠花与谦虚的玫瑰从此成为无话不谈的好朋友，花园也更加美丽了。

我们是不是也应该学学鸡冠花和玫瑰，用欣赏的眼光看待我们的朋友？鸡冠花用真诚的语言欣赏和赞美玫瑰，被她感动的玫瑰也谦虚地说出了鸡冠花的优点。你看，懂得谦虚并真诚地欣赏别人，一点儿也不会让自己为难，反而让朋友间的友情更加坚固。

第35件事
赞美的魔力

记一记

称赞不但对人的感情，而且对人的理智也起着巨大的作用。

——列夫·托尔斯泰

做一做

★赞美朋友时，不要使用过分热情的话语，那样可能显示你在讨好。

★实事求是地赞美他人，因为一般人总是喜欢听到别人对自己的赞美，而不希望听到泛泛而谈、失实的恭维。

★赞美朋友时，要注意场合和方法。比如最好不要当面祝贺一个朋友当选了班干部，而此时恰好另一个落选的朋友在旁边。

36

用微笑传递善意

YONG WEI XIAO CHUAN DI SHAN YI

一次，做数学作业时，小丽被一道题难住了，想了半天都没想出来，她不禁哭了起来。这时，姐姐走到小丽面前，微笑着对小丽说："别灰心，用微笑来面对困难。"小丽冷静了下来，调整好自己的心态，在作业本上画啊、算啊，突然灵光一闪，想到了答案。作业本发下来后，小丽看见自己做的那道数学题对了，禁不住笑了起来。回到家，小丽对姐姐说："姐姐，你这个用微笑面对困难的方法果然妙，我以后一定会用微笑面对困难。"姐姐看了看小丽，笑了。

微笑似乎是造物主赋予人类的特权。看看，除了人之外，还有什么动物懂得微笑？微笑是人类最美的表情，当你忘记整理妆容的时候，你可以用微笑来弥补，它可以增加脸上的神采。微笑或许不能解决任何实际的问题，但是它在许多方面都能起到很好的作用。一个微笑能令别人减少忧虑，心情愉悦；微笑能传递你的善意，有助于结交新朋友；微笑令你看起来更有自信和魅力，留给别人良好的印象；微笑能换来别人回馈的另一个微笑，可能会产生一段终生的情谊。

微笑是个人自信的象征，也是一种礼貌修养的表现。所以我们在生活中要经常对别人微笑一下，这可以给自己带来一天的愉快。

第**36**件事
用微笑传递善意

记一记

生活像一首歌那样轻快流畅时，笑颜常开乃易事；而在一切事都不妙时仍能微笑的人，才活得有价值。

——威尔科克斯

做一做

★微笑要发自内心，才能发挥沟通情感的桥梁作用。

★微笑要自然适度，指向明确，有时要与口语相结合。比如，微笑的同时可以说声"您好"。

★微笑要注意场合，掌握分寸。不要在不该笑的地方笑。

★别把讥笑、嘲笑当做微笑。无论什么时候都不该去讥笑或嘲笑他人。

37

JING QIAO QIAO BIE DA JIAO

静悄悄，别打搅

一只猫头鹰每到晚上才出来吃东西、工作，而白天就在巢内睡觉。这本来也没有什么好奇怪的，猫头鹰的习性就是这样的。

然而，一个晴朗的白天，正当猫头鹰睡得很香的时候，忽然听到一阵刺耳的噪声。他睁开眼睛四处查看，发现是一只讨厌的蚱蜢在自我陶醉地唱歌。在那么深沉的睡眠中，猛然被一只蚱蜢的声音吵醒，这真是一件令人无法容忍的事，况且，猫头鹰晚上还要起来工作呢！

蚱蜢的叫声非常难听，和夜莺的歌声比较起来，简直有天壤之别。猫头鹰被折磨得实在没法入睡，便急切地请求蚱蜢停止歌唱。蚱蜢却根本不理他，仍然叫个不停。猫头鹰越是不断地请求，蚱蜢反而叫得越响。猫头鹰被弄得无可奈何，烦躁不安。突然他想到一个好计策，便对蚱蜢说："听到你动听的歌声，我已睡

不着了。你的歌声如同七弦琴一样动听。我将把青春女神送给我的仙酒拿出来，痛痛快快地畅饮一番。你若不反对，就请上来一起喝吧。"蚱蜢这时正口渴，又被这番赞美弄得忘乎所以，所以什么也没想就急忙地飞了上去。结果，猫头鹰从洞中冲出来，把蚱蜢弄死了。

可怜的蚱蜢因为不顾他人的感受，打搅别人休息而丢掉了性命。虽然猫头鹰有点儿过分，但蚱蜢的行为也确实不应该。如果蚱蜢懂得体谅别人，和邻居猫头鹰和睦相处，也就不会有这样的厄运了。我们生活在社会这个大集体中，每个人都应懂得遵守社会公德，不要轻易打搅别人，否则很有可能给自己带来灾难。

第**37**件事
静悄悄，别打搅

记一记

静悄悄

慢慢蹦，轻轻跳，
小猴进屋静悄悄。
为啥呀？
花猫大哥上夜班，
让他好好睡午觉。

做一做

★早晨起床时，如果家里还有人睡觉，我们穿衣、整理床铺、走路、洗漱时动作要轻，尽量压低声音。

★在图书馆里不要大声喧哗，不能奔跑或动作声音过大。

★在电影院看电影时，不要交头接耳，随意走动。

★学校午休时，不能大声喧哗，要学会静悄悄，不打搅他人。

★在参观场馆时，谈话声音要低，不能打搅别人参观。

★如果打搅了他人要道歉。

38

守时为你赢得荣誉

SHOU SHI WEI NI YING DE RONG YU

一天，康德去赴一个约会。他的马跑到一条河边时停了下来。康德下了马车，看了看桥，中间已经断裂了。河面虽然不宽，但水很深，而且结了冰。

"附近还有别的桥吗？"康德焦急地问车夫。

车夫回答说："有，先生。在上游 6 英里远的地方还有一座桥。"

康德看了一眼怀表，已经 10 点了。

"如果赶去那座桥，我们以平常的速度什么时候可以到达农场？"

"我想大概得 12 时 30 分。"

康德又问："如果我们经过面前这座桥，以最快的速度什么时间能到达？"

车夫回答说："最快也得用 40 分钟。"

康德跑到河边的一座很破旧的农舍里，客气地向主人打听道："请问你的这

间房子要多少钱才肯出售？"

农妇大吃一惊："您想买如此简陋的破房子，这究竟是为什么？"

"不要问为什么，您愿意还是不愿意？"

"那就给 200 法郎吧！"

康德付了钱，说："如果您能马上从破房上拆下几根长木头，20 分钟内把桥修好，我将把房子还给您。"

农妇把两个儿子叫来，让他们按时修好了桥。马车平安地过了桥，飞奔在乡间的路上。10 时 50 分，康德赶到了老朋友的家。

在门口迎候他的彼特斯高兴地说："亲爱的朋友，您可真守时啊！"

康德在与老朋友相会的时间里，根本没有向其提起为了守时而买房子、拆木头修桥的经过。

后来，彼特斯无意中听到那个农妇讲了此事，便很有感慨地给康德写了一封信。信中说道："您太客气了，还是一如既往地守时。其实，老朋友之间的约会，晚一些是可以原谅的，何况您还遇到了意外。"

第**38**件事
守时为你赢得荣誉

记一记

在世界上我们只活一次，所以应该珍惜光阴。必须过真实的生活，过有价值的生活。

——巴甫洛夫

一向一丝不苟的康德，在给老朋友的回信中写了这样的一句话："在我看来，在一定意义上可以说，无论是对老朋友，还是对陌生人，守时就是最大的礼貌。"

这个故事是不是有点儿不可思议？但是康德的行为确实让人肃然起敬。守时是一种美好的品德，正如康德所说，"无论是对老朋友，还是对陌生人，守时是最大的礼貌"。我们应该从小就养成守时的好习惯。

做一做

守时的故事

美国第一任总统华盛顿邀请人们参加他的正式宴会时，他总希望他们准时出席。

一次，一位议员迟到了。他发现所有的人都已经坐在餐桌旁开始就餐了。

"我们这里的人必须准时出席，"华盛顿对他说，"我的厨师从来不问客人到齐了没有，只问时间到了没有。"

树立起时间观念。不浪费自己的时间，也不浪费别人的时间。对于已经计划好的安排，尽量去完成它。

和别人约好的事情一定要做到。最好前一天晚上就把该准备的东西准备好，免得到时候慌乱。

如果迟到或不能按时赴约了，一定要打电话说明原因。对于造成的不良影响，则要尽力弥补。

39

谦虚礼让受人欢迎

QIAN XU LI RANG SHOU REN HUAN YING

小斌和小武是同学。小斌的家庭环境很好，但小武的家里不富裕。

小斌："我妈妈是高级主管，一个月的工资 1 万多！我爸爸去法国给我买了一双运动鞋，价格我就不说了，估计够你买十双，穿好几年的，你爸爸是做什么的？"

小武："我爸爸是开出租的，我妈下岗了。"

小斌："有一种新出的游戏机，买来玩玩。对了，我忘记了你没钱，怎么能玩得起呢？"

于是，小斌不再和小武玩了，还常常鼓动其他同学不理小武。

对于这种爱在他人面前炫耀的同学，我们通常都会看不起他们。不是因为他

们家庭富裕而看不起他们，而是因为他们在给自己的品格抹黑。我们认为一个成绩优秀、为人谦虚礼让的人更令人尊敬。一个才华横溢的人如果失去了谦虚的美德，那他的才华也会失去用武之地。所以，我们有必要从小就培养自己谦虚的美德。

做一做

★一个处处谦虚的人，除了能学到更多的东西外，还能受到大家的欢迎，从而结交更多的好朋友。但如果你不懂又不愿意谦虚地向他人学习，死要面子活受罪的话，到最后吃亏的是你自己。

★一个人如果谦虚就会永远不知足，就会不断学习新知识、新事物，使自己不断地进步。谦虚会迎来成功，骄傲会导致失败。只有明白了这个道理，我们才能进步和成才。

★不要拿自己的长处和别人的短处相比，也不要用自己的短处比别人的长处，找出差距，向别人请教，才是真正的谦虚。

★从平时的每一点、每一滴、每一个细节做起，培养谦虚的好习惯，让自己具备谦虚礼让的高尚品德。

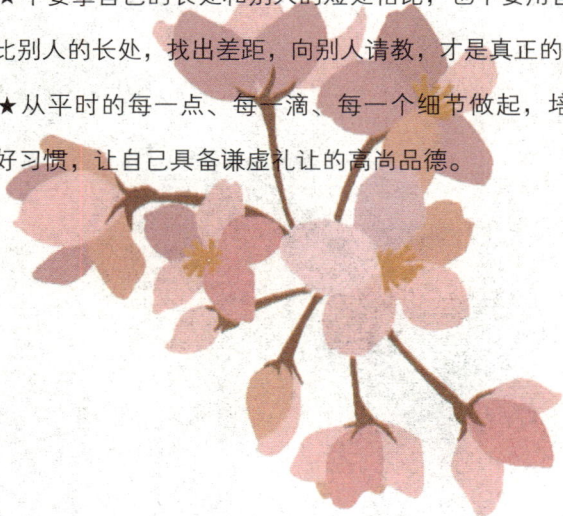

记一记

我们不能一有成绩，就像皮球一样，别人拍不得，轻轻一拍，就跳得老高。成绩越大，越要谦虚谨慎。

——王进喜

绝不要陷于骄傲。

因为一骄傲，你们就会在应该同意的场合固执起来；

因为一骄傲，你们就会拒绝别人的忠告和友谊的帮助；

因为一骄傲，你们就会丧失客观标准。

——巴甫洛夫

40

接打电话时的礼仪

JIE DA DIAN HUA SHI DE LI YI

平平的妈妈是个电话迷，她总喜欢"煲电话粥"。为此，平平的爸爸还跟妈妈吵过一次呢。因为爸爸急着用电话，可妈妈老是闲聊个没完。另外，爸爸还抱怨每个月的电话费太高，给家里增加了负担。为了缓解矛盾，爸爸只好又花钱改装了一部电话，一部电话可以当两部用。可是没多久，平平也学起妈妈来，开始和同学"煲电话粥"。尤其是暑假，煲的时间越来越长，搞得爸爸很生气。

这个小故事充分说明了父母是孩子的榜样，不要总教训孩子，应该以身作则。电话是一种公共资源。不论在家里、社会上，还是公用电话亭，我们都不要用电话闲聊。因为这是一种资源的浪费。此外，学习一些打电话的礼仪也是必不可少的。

打电话前，先核实一下电话号码。如果拨错了号码，在得到对方确认后要道歉，

不能随便就把电话挂断。

在合适的时间打电话。不要在晚上 9 点以后，或者餐前时间打电话。

铃声响了 6 声以上还无人接听就挂断电话。过一段时间再打，可能主人暂时不在电话机旁。

接通电话后，不管接电话的人是否是你要找的人，都应该首先跟人问个好，报出自己的姓名。

打电话的时候，特别是跟不熟悉的人通话时不要吃东西。

打电话时要长话短说，注意通话时间，不要"煲电话粥"。

打电话时注意语气平稳、舒缓、清晰和亲切，不要大声嚷嚷。

如果电话突然中断了，你应主动重拨一次，接通后先向对方表示歉意再通话。即使通话即将结束也应如此，否则是不礼貌的。

如果回应你的是电话答录机，就简短地留个口信。留下自己的名字、电话号码和打电话的意图。

接听电话时，如果不是找自己的，应该回答说："请等一下，我看他在不在。"然后把电话搁在一旁，再去找接电话的人。一般不宜手持电话筒大声叫人。如果要找的人不在，可以请对方留言，最好把对方的号码记下。

接电话时，要把结束通话的权利留给对方，等对方说再见后再挂断电话。

公共电话亭方便了大家在外边有急事时打电话。这一天，小陈在外边逛街很无聊，突然想给小李打个电话聊聊天。他在街边找了个公用电话，热烈地聊起来。后边来了个老爷爷，着急给家里打电话办点儿事，可是左等右等，眼看一个小时过去了，小陈依然不见有挂电话的意思。老爷爷气得够呛，他对小陈说："小伙子，这是公用电话，请考虑一下别人。"

可是小陈却翻了翻白眼儿说："老头儿，我花自己的电话费，你管得着吗？"

你来想一想，小陈应该改正哪些不对的思想呢？

记一记

读书如吃饭，善吃饭者长精神，不善吃者生疾病。

——名人名言

41

合作礼仪

HE ZUO LI YI

岚岚从小学到中学，一直是有名的优秀学生，成绩非常好，深得家长和老师的喜欢。

然而，自从岚岚上了大学以后，住了不到一个星期，她就很苦恼地打电话回家，向妈妈诉苦，说自己和身边的人不是一种人，他们根本不能了解自己等等。岚岚与周围的一切总是格格不入，她不懂为什么同学不愿意接近自己。

妈妈没有想到一向优秀的女儿，进入大学后碰到的第一个难题竟然是与人交往。于是她不断地开导女儿，告诉她这个世界是由各种各样不同的人组成的，一个人只有学会与不同的人交往，学会与别人合作，才能够适应未来的社会。

岚岚认真地接受了家人的建议，经过一番反省，她开始主动与那些原本陌

生的来自全国各地的同学交往。集体活动的时候，她热情地为其他同学做事，为大家唱歌，讲幽默故事。渐渐地，大家接受了她的热情和大方，都愿意与她接近了。岚岚再也不感到寂寞和苦恼了，她已经成功地融入到集体中了。

岚岚是幸运的，她及时地得到了妈妈的帮助，从而比较顺利地度过了这个特殊时期。

有一些同学可没那么幸运了。他们从小在家里就娇生惯养，初到一个新的环境，心里根本没有别人。比如有些同学夜里上厕所时，旁若无人，开门关门的声音都很大，影响了别人的休息，自己还没有觉察。有些同学不愿意跟别人交流，独来独往，还抱怨这个世界太冷漠，没有人关心他。其实，这个世界是大家的，并不是你一个人的，你无法改变，也无力改变，所以只有改变自己来适

应世界的需要。更何况，个人的力量再强大，也总是显得单薄，无法完成艰难的事情。而团结起来能够聚集强大的力量，完成个人所不能做到的事情。因此，我们要懂得做事离不开与他人的团结、合作的道理，学会相互理解、尊重，这也是一个优秀的学生必须具备的品德。

做一做

★在公共场所里，遵守规则、纪律，不要"目中无人"，以自己为中心，像在家里一样随便，要顾及到他人的存在和感受。

★如果自己做不了一件事，主动去寻求帮助，不要独自一人蛮干。

★主动和别人交流，不要孤立自己。

第**41**件事
合作礼仪

记一记

交友合群

同学见面问声好，
有礼有节能宽容；
不自私、不骄傲，
一定别把嫉妒要；
多谦让、有爱心，
要互助、要热情，
讲文明、懂礼貌，
团结友爱很重要。

42

做一个热情好客的主人

ZUO YI GE RE QING HAO KE DE ZHU REN

一天，明明家里来了客人，可是爸爸妈妈都不在家。明明正在看一个有趣的电视节目。他很不高兴地把来客请到客厅里，然后给出门在外的爸爸妈妈打了电话，说明了情况后就自个儿看电视去了。客人坐了一会儿，就起身告辞了。爸爸妈妈回来了，问清了情况后批评了明明，说他对客人没礼貌。

明明的做法是很不礼貌的。招待客人要文明礼貌，在我国一直是个优良的传统。因此，学会大方、得体、稳重地接待客人是很必要的事情。

所谓热情好客，就是尽量使人们在接受我们的款待时觉得像是在自己家里一样。所以，接待客人不仅要使用待客的一般礼节，更重要的是还要从心里欢迎客人，真诚地对待客人，这样才能给客人留下美好的印象，客人以后也才会更愿意来你家做客。

做一做

客人来了，你该怎么做？下面的方法对你会有帮助。

★物质准备。做好物质准备是有诚意的表现。一般来说，需准备水果、糖、瓜子之类的物品，如果留客人吃饭还需要准备比平常较为丰盛的菜肴。物质准备应本着节约、大方的原则，量力而行，切不可打肿脸充胖子。

★卫生。在客人到来之前，应将居室收拾整洁，被子应叠好，桌椅应干净，茶具要清洁。个人衣着也应干净、整齐、大方，这不仅反映一个人的修养，也是对客人的尊重。

★热情。如果接待的人是亲戚，可以帮助父母让座，递茶。如果接待的是老师，应该像接待长辈的礼仪一样，热情、庄重。如果接待的是你的朋友，应给父母逐个介绍，然后给客人让座，用茶水、糖果、玩具等招待他们。

★送客。如果来访者是老人和幼童，可以搀扶着他们送下楼。如果是自己的朋友，可以送一段距离。

第**42**件事
做一个热情好客的主人

记一记

迎客歌

门铃响，客人到，
开门迎客微微笑。
我请客人屋里坐，
倒杯茶水问声好。
客人告辞要回家，
我送客人到楼下。
挥挥手，说再见，
礼貌待客人人夸。

155

微笑，是一种财富。

拥有它的人，在艰难困苦的日子里依然会怡然自得；

而鄙弃它的人，在春风得意的时候也会郁郁寡欢。

43

寻求帮助的礼仪知识

XUN QIU BANG ZHU DE LI YI ZHI SHI

一只熊在树林里看见一头猪掉进了泥坑里。猪挣扎着但怎么也爬不上来，熊过去把他拉了上来。

"哎呀，瞧你的大粗爪子，你就不能轻一点儿慢慢拉吗？你这么使劲，把我的后背都抓破了！"猪不但不感谢熊，反而一个劲儿地埋怨熊，熊没和他计较。

猪又毫不客气地问："你这里有什么吃的吗？我饿了。"

"你要吃的，我得回家给你拿。"熊仍然不和猪计较。

"那你快去吧，快点儿，把你家里好吃的拿来给我。"猪用命令的口气向熊说道。

熊真的跑回家，给猪端来一块蜂蜜，这可是熊家里最宝贵的食物了。

"朋友，你可真够磨蹭的。"猪哼哼唧唧地抱怨，并大口吃着蜂蜜。

"你去捡一根树枝，坐在我身边轰苍蝇。你瞧，蜂蜜招来多少苍蝇！"

熊坐下来给猪轰苍蝇。猪吃完蜂蜜后，躺在树下，又招呼熊说："喂！给我搔搔背，我喜欢让别人给我搔痒，不过你的大爪子可得轻着点儿。"

熊厌恶地瞪了猪一眼，实在是忍无可忍，什么也没说，就走了。

"喂！你上哪儿去？"猪嚷嚷着，熊像没听见似的继续走，"瞧你，真是个懒惰的家伙，让你搔搔痒都不行。"

熊听后真的回来了，然而这回猪可没有刚才那么走运了。熊把猪身上抓得体无完肤，让贪婪无理的猪付出了代价。

这个猪真是很无礼，对待别人的帮助一点儿也不知道感谢，甚至还提出更过分的要求。我们可不要学他。当遇到困难的时候，寻求帮助要注意礼貌，否则很可能得不到别人的帮助，下面的"做一做"会有详细的讲解，注意看哦。

第**43**件事
寻求帮助的礼仪知识

记一记

一个人有时会没办法，有困难要学会去求助，一个人的力量有点儿小，团结的力量真正大，你帮我来，我帮他，大家心里乐哈哈。

做一做

★用语要文明。即使是与陌生人交往，也要用上"谢谢"、"请问"等一类的礼貌用语。

★注意态度友好。寻求帮助时，态度必须谦虚、客气。但是也不要自卑，低着头或者回避对方的视线会增加对方的不信任感。另外，不应该故意缩小事情的难度，以免别人答应帮助你后又无法做到。

★应讲究方式。一是求人解决问题，不宜唠唠叨叨；二是要注意场合；三是要用商量的口气，不能硬要别人保证一定办得到。特别是对待自己过去曾帮助过的人更不能有意无意地给对方造成压力。

★真诚感谢。得到别人的帮助后，一定不要忘记向对方表示你的感谢。即使没有帮到你，也要感谢别人。

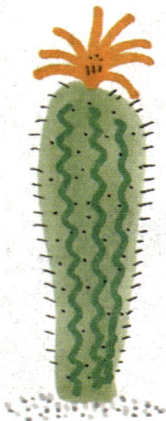

44

做一个受人欢迎的客人

ZUO YI GE SHOU REN HUAN YING DE KE REN

风娃娃很孤独，他很想找几个朋友。一天，风娃娃看见小白兔了。于是，他问小白兔："你干吗去啊？""今天是小公鸡的生日，我要去他家庆祝生日。"说完小白兔就高兴地向小公鸡家走去。风娃娃心想：我也可以去啊，这样可以交个朋友。于是，风娃娃跟在小白兔身后向小公鸡家飞去。只见，小白兔敲了敲门，公鸡妈妈开了门把小白兔迎了进去。风娃娃也跟着进去了。但是他一进来，屋子里的东西都被他吹翻了。公鸡妈妈生气极了。风娃娃问小白兔，为什么公鸡妈妈欢迎他而不欢迎自己。小白兔说："你太没礼貌了，怎么也不敲门就进来了，还把东西都吹翻了。"风娃娃于是又飞到屋外，他学着小白兔敲了敲门。公鸡妈妈开了门，她高兴地说："有礼貌的孩子才受欢迎嘛！"就这样，风娃娃和大家高兴地庆祝起了生日。

风娃娃开始到别人家做客因为没有礼貌而不受欢迎，后来改正了错误才和大家交了朋友，这说明讲礼貌是让别人接受你的首要条件。

第**44**件事
做一个受人欢迎的客人

想一想

晓星想去小月家做客。他们俩是好朋友，所以，没打电话晓星就跑去了，结果小月不在家。小月妈妈说："你进屋坐坐，等等她吧。"晓星在客厅待着很无聊，他看到茶几下放着一个大盒子，问也没问就打开来看。这时，他忽然想到晚上自己最喜欢的林叔叔要来家里做客，于是，他把东西随便一放，没打招呼就走了。害得小月妈妈以为他生气了呢。你来给晓星挑挑毛病吧。

做一做

这样做客人：

★预约。无论到哪里做客，事先一定要预约。预约关键在选定探访时间，应该避免主人家不方便的时间，太早、太晚或者吃饭的时间都要避开。最好不要突然探访。

★仪表。到别人家做客，注重整洁、礼貌，穿着整洁、庄重，也是对主人的尊重。

★轻声敲门。到达主人家时，即使门开着，也应轻声敲门或者按门铃，切忌不敲门就闯入或大呼小叫。

★问候并说明来意。主人开门后，应先问候。进去后，应说明来意。

★言行有礼。进门后，如屋内还有其他人，应逐一打招呼，然后就座。当主人为你送上茶水时，要站起身来双手接，并致谢。谈话要专心，不要高声喧哗，也不要喧宾夺主。当主人面带倦意，或减少倒水次数时就应告辞。

★结束拜访，别忘了向主人告辞。

45

做客，让朋友欢迎你

　　小丁去好朋友小铭家过夜，两个小家伙非常谈得来。晚上 10 点钟了，小丁还不肯睡觉，一直滔滔不绝地跟小铭说着自己的旅游见闻。

　　小铭的妈妈早上要上班，一般都是在 10 点钟睡觉。但是小丁兴奋的声音大得隔壁邻居都听得见，更何况小铭父母与他们只有一墙之隔呢！小铭妈妈本来不想去催促他们睡觉的，这会让儿子在朋友面前没面子，觉得不大好。现在的小孩儿可要面子呢！但现在不得不去暗示一下啦。

　　小铭妈妈先在门口咳嗽了几声，她希望两个小家伙明白她的意思，但是没有效果。没有办法，小铭妈妈只好一直在门口咳嗽。她停了一下，贴着门听动静，只听小丁的声音传进了耳朵："你妈妈怎么回事，干吗要在我们门外咳嗽呢？"

听了小丁的话，小铭妈妈哭笑不得。

到同学或者朋友家里过夜，这种事情虽然不经常发生，但也是我们该注意的。当主人说"请像在自己家里一样随便"时，并不意味着你真的可以像在家里一样：在卫生间一待半个小时；在洗漱台上乱放洗漱用品；把毛巾随便丢在某个角落……这些行为都是很失礼的。在朋友家过夜时，最好多问几句，了解并遵循主人家摆放物品的习惯。只有这样你才会是个受人欢迎的客人，并且不会让你的朋友尴尬。

在别人家过夜要注意这些：

★带上一些必需品。一般要自带牙膏、牙刷、毛巾，而肥皂和洗发水可以用朋友的。

★清洗水池。这点是十分重要的。使用过的水池可能沾上了肥皂泡、头发等物，所以不要等主人帮你清洗。

★快速地使用卫生间，只在里面做必要的事情。而像吹头发、涂乳液、穿衣服，这些事情都可以在卧室做。

★和朋友聊天、开玩笑可以，但是不要无休无止。最好遵循朋友家人的作息时间。

★如果你是个夜猫子，而朋友是个瞌睡虫，那么在征得他的同意下可以看书或者做其他事情，但是必须要保持安静。

★不要未经允许就打开朋友家的冰箱或者玩声音嘈杂的电子游戏。

★在朋友的家人起床后，你应该起床，整理床铺，并向他们问好。

第**45**件事
做客，让朋友欢迎你

记一记

三更灯火五更鸡，正是男儿读书时，黑发不知勤学早，白首方悔读书迟。

——名人名言

46

懂得尊重

一个冬天，俄国作家屠格涅夫在街上走，遇到一个青年乞丐向他乞讨。屠格涅夫把大衣里里外外摸了一遍，连一分钱也没找到。于是，他非常诚恳地对乞丐说："好兄弟，我很抱歉，出门的时候忘记带钱包了。"

谁知，这位青年乞丐看了屠格涅夫一眼，突然跪在地上，激动地说："先生，谢谢您，谢谢您救了我一命。"屠格涅夫赶紧把他扶起来，不解地问："我一分钱也没给您，您怎么说我救了您一命呢？""不瞒您说，我今天本打算自杀的，看透了世态炎凉，我现在这个样子活着也没什么意思。您刚才亲热地称我为'好兄弟'，这说明我以前的想法是错误的。世界上还是有真情在的。我要活下去，我要去奋斗。您这不是救了我一命嘛？"

尊重是礼仪的根本。人人都想得到别人的尊重。你嘲笑过同学戴牙套吗？如果是这样，你应该道歉。因为你一定还记得自己戴牙套时有多难看，那么其他的同学也是这样。我们要学会尊重他人，只有这样，你才能获得同学、伙伴的尊重。

尊重别人要做到：

★说话、做事时要顾及他人的自尊，学会控制自己的情绪。

★学会用赞赏的眼光看他人。适当地赞美他人，可以促进友谊。同时，当你赞赏别人的时候，也可能得到别人的赞赏。这是双赢的艺术。

★不断提高自身的礼仪素养。一个人只有在实际行动中表现出好的素养，尊重他人，才能真正赢得别人的尊重。光说不练是不行的。

★在各种时候都要注意自己的形象，站有站相，坐有坐相，不在他人面前掏耳朵、抖腿等，因为这样做是对别人的不尊重。

★平时待人诚恳、心地诚实，不要把自己的责任推给别人，因为做人正派是被人了解和受人尊重的开端。说话要算数，不作空洞的许诺。

★处理事情要宽容大度，不可小肚鸡肠。对别人的错误、失礼，要以礼相待，原谅他们；对自己犯的错误，坦然承认，不掩饰，这样的人一定能得到别人的尊重。

记一记

尊重生命、尊重他人，也尊重自己的生命，这是生命进程中的伴随物，也是心理健康的一个条件。

——弗洛姆

倾听是一种习惯，
是对人的一种礼貌，
更是一门艺术。

——佚名

47

『礼』尚往来

　　小乌鸦从小公鸡的生日聚会上回到家就闷闷不乐。乌鸦妈妈问他原因，他也不理不睬。直到吃晚饭的时候，小乌鸦突然哇哇哭起来了。乌鸦妈妈忙问他怎么了，小乌鸦这才将原因说了出来。

　　原来，小乌鸦觉得自己送给小公鸡的礼物没有小熊他们贵重。小乌鸦送给小公鸡的是一张自己制作的卡片，而小熊他们送的是文具盒、电子表等等。小乌鸦觉得自己太丢脸了，小公鸡明天肯定不会来喊自己一起上学了。乌鸦妈妈笑着说："孩子，友谊的深厚不在礼物的贵重。小公鸡明早一定会来喊你的。"

　　果然，第二天一大早，小乌鸦又听到了小公鸡那"喔喔"的叫声。

　　礼物是感情的传递物，是传达友谊的媒介，其特殊功能就是传情达意。礼重

未必情深，礼轻未必情薄。只要礼品含有深深的情意，哪怕价值不高，其意义对我们也是深远的。

　　每当生日、过年、过节的日子，小朋友们都非常开心，因为可以收到很多礼物。它们有的是爸爸妈妈送的，有的是爷爷奶奶送的，有的是叔叔阿姨送的，还有的是同学好友送的。但是，一个人不可能永远接受礼物，而不赠送礼物。礼尚往来，人之常情。所以在爸爸妈妈生日、爷爷奶奶寿辰和同学朋友过生日的时候赠送上一件代表自己心意的礼物是一种很有礼貌、教养的行为。

第**47**件事
"礼"尚往来

记一记

送礼物要送好，不要华丽包装，不要昂贵价钱，只要真心诚意。即便粗糙而简单，对方肯定也欢喜。

——佚名

做一做

★切记不能在客人一进门时就跑去抢礼品。应等客人主动送上后，再去接，并微笑着向客人表示感谢。

★在送别人礼物时，可以根据对方的兴趣、喜好送上合适的礼物，而不要随心所欲地将礼物送给人家。比如老人忌讳送"钟"，家庭关系不和忌讳送"梨"。

★送礼物时，一定要公开透明、大大方方，不要偷偷摸摸、不声不响地塞给人家，或者放在不引人注目的地方，这样会引起对方的误会。

★孩子送礼不必太过昂贵，但也不要太轻，否则会令对方感到你不尊重他。因此礼品要价钱适度。

★不管是谁送给你的礼物，即使不喜欢，也应表示感谢。如果是亲人，可以直接告知你喜欢的东西，下次记着就好了。如果是客人，就不要这样了，但是一定要道谢。

48

开玩笑，莫过分

　　小乌鸦这几天又不高兴了。因为他和小熊闹矛盾了。于是，他们一连几天都不理对方。小公鸡先找了小乌鸦，问他原因。小乌鸦说："他骂我是'乌鸦嘴'。"小公鸡又找小熊，问他是不是骂小乌鸦了。小熊也很气愤地说："他还骂我是'熊瞎子'呢！"

　　原来，他们俩都拿对方的短处开玩笑，结果闹得不开心。后来，小乌鸦和小熊和好了，也不再给对方起绰号了。

　　一般，在人际交往中，尤其是在熟悉的同学、伙伴或者朋友之间适当开开玩笑，互相取乐，不仅可以松弛神经，活跃气氛，还可以创造出一个快乐、愉悦的氛围，有利于大家增进感情。不过，玩笑不要开得过分了，否则会适得其反，比如乱给别人起绰号、取笑他人某种缺点等。因为，当你哈哈大笑时，被伤害的人也许会眼里满含着泪水。因开玩笑而翻脸的事情是常有的，有的还因此断了交情，这样就不好了。因此，我们需要懂得，开玩笑要适度，不要过分。

怎么开玩笑：

★不要随便对人开玩笑。开玩笑之前，你应该充分了解对方，知道对方开得起玩笑，否则，还是不要开得好。

★开玩笑不等于恶作剧。有的人开玩笑不是用语言，而是用行动。这是错误且危险的。不是常有因开玩笑而造成人身伤亡的事情发生吗？开玩笑不要伤害他人的身体。

★开玩笑要看准时机，不要在不该开玩笑的时候开玩笑。当别人遭遇了不幸，或者情绪低落的时候，你开玩笑很容易使人觉得你是恶意的。这种时候最好不要开玩笑，开也要开得有分寸、得当。

★玩笑的内容要健康，不要伤害他人的自尊心或者开黄色玩笑。低级玩笑只能说明你是个素质不高的人，这样会使人瞧不起你。

★开玩笑要掌握分寸。开玩笑不要只图自己一时痛快，不知分寸，让人难堪，把别人搞得下不来台、恼怒生气，不欢而散，这样就很不好了。

第**48**件事
开玩笑，莫过分

记一记

玩笑，是朋友交往中不可少的；取笑，却应当从交往中戒除。

——佚名

礼貌使有礼貌的人喜悦，也使那些
受人以礼貌相待的人们喜悦。

——孟德斯鸠

49

KAN YI SHENG

看医生

小乌鸦生病了，乌鸦妈妈带着他上医院。原来小乌鸦发烧了。医生说："打几次退烧针就会好起来。"

到了第二次打针的时候，乌鸦妈妈让小乌鸦自己去，也好锻炼一下他的独立性。小乌鸦也很高兴可以独自一人去打针。

可是，乌鸦妈妈等了半天也不见小乌鸦回来。于是，她就跑去医院找小乌鸦。原来，小乌鸦一直找不到打针的地方呢。

我们首次去看病都是由父母带着去的。但是随着病情渐渐好转，有时候可能是我们自己一个人去复诊或者打针。那么，个人怎样才能顺利地去看病呢？学习一下"做一做"，你就知道了。做什么事都有第一次面对的时候，只要你对自己充满信心，相信没有什么是可以难倒你的！

去医院时应注意的礼仪：

★确定看病的时间。记下病症、经过、服过的药以及体温等事项。携带保健卡及挂号收据，准备所需要的费用。

★由于检查时可能需要更衣，因此应穿着容易脱换或者容易将袖子卷起的衣服。

★第一次看病时，应在医院的挂号处出示保健卡，并清楚地向工作人员说明症状，以办理挂号手续。

★复诊时，向挂号处出示挂号收据及保健卡。

★挂完号后，坐在能听见呼叫自己名字的地方安静地等待，不要吃东西。

★医院内有许多禁止通行的地方，应避免进入，以免造成感染或意想不到的伤害。不要随意触摸东西。

★诊断过程中，因检查喉咙或者触摸腹部而感到疼痛则应稍微忍耐一下。

★诊察或治疗完后，应向医生询问下次复诊的时间。

★缴完费用后到领药的地方领取所需的药品。及时回家休息。

第**49**件事
看医生

记一记

千教万教教人求真，千学万学学做真人。

——陶行知

183

50

碰到外宾的礼仪

PENG DAO WAI BIN DE LI YI

  1962 年，周恩来总理到西郊机场为西哈努克亲王和夫人送行。亲王的飞机刚一起飞，我国参加欢送的人员便自行散开，各自找车准备返回，而周恩来这时却依然笔直地站在原地未动，并要工作人员立刻把那些登车的同志请回来。这次很少生气的周恩来发了脾气，他狠狠地批评起大家来："你们怎么搞的？没有一点儿礼貌！各国外交使节还在那里，飞机还没有飞远，客人还没有走，你们倒先走了。"当天下午，周恩来就把外交部礼宾司和国务院机关事务管理局的负责同志找去，要他们立刻在《礼宾工作条例》上加上一条，即今后到机场为贵宾送行，须等到飞机起飞，绕场一周，双翼摇动三次表示谢意后，送行者方可离开。

  周总理是我们学习的楷模。我们的祖国是一个历史悠久、文明灿烂的礼仪之邦，以礼待人、彬彬有礼总是受人欢迎的。作为祖国未来的主人，在遇见外宾时一定要以礼相待，充分展示我们的风采。

做一做

★恰当的称呼。外国人对男子统称"先生"，对已经结婚的女士称"夫人"或者"女士"，对未婚女子称"小姐"。对一些未知是否结婚的女子可称"女士"。

★如果外宾主动和你交谈，表情要自然，语气亲切和蔼，表达得体，注意聆听，切记不要手舞足蹈、唾沫横飞、拉拉扯扯。交谈时不应左顾右盼、心不在焉，应注视对方。

★和外宾接触时，要大大方方、不卑不亢。如果外宾主动与你招手、拥抱、握手、交谈，不要羞于见人，躲躲闪闪。外宾如出于友好要给你照相，可以用手示意，表示婉言谢绝或者微笑同意。

★千万不要在公共场所围观、尾随外宾，或者当着外宾的面，指手画脚，议论谈笑他们的容貌、肤色、服装等，这是极其不礼貌的行为。

第**50**件事
碰到外宾的礼仪

记一记

接待外宾时的一些常用英语：

1.Good Luck！
祝你顺利(祝你好运)!

2. All the best！
祝你万事如意!

3. Have a good trip!
旅途愉快!

4. Long live our friendship!
愿我们友谊长存!

5. What can I do for you？
您需要帮助吗?